«Los hombres disfrutarán de esta entretenida y minuciosa guía sobre los misterios del embarazo y del nacimiento. Y las futuras madres adorarán el apoyo que reciban de los hombres que se tomen seriamente su mensaje.»

T. ADAMS SULLIVAN, autor de *The Father's Almanac*

«Es un libro muy útil y divertido.»

TONY RANDALL

Ella va a tener un bebé

¡Y yo un ataque de nervios!

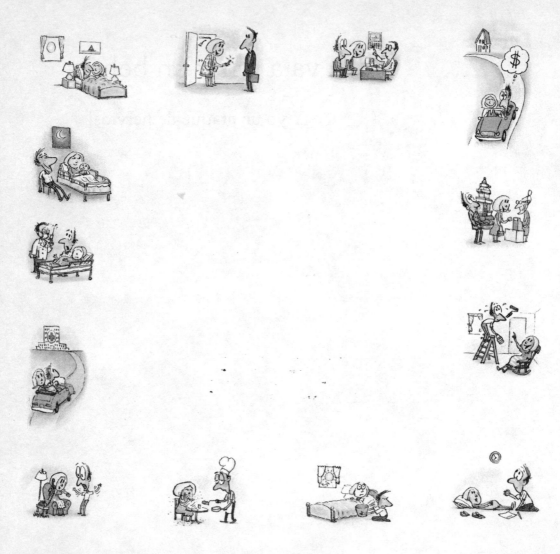

James Douglas Barron

Ella va a tener un bebé

¡Y yo un ataque de nervios!

Todo lo que un hombre necesita saber —y hacer— cuando la mujer
a quien ama está embarazada

EDICIONES URANO

Argentina - Chile - Colombia - España

Estados Unidos - México - Venezuela

Título original: *She's having a baby*
Editor original: William Morrow & Co., Nueva York
Traducción: Luz Hernández

© 1998 *by* James Douglas Barron
© de las ilustraciones: 1998 *by* Jeff Moores
© 2000 *by* Ediciones Urano, S. A.
   Aribau, 142, pral. - 08036 Barcelona

ISBN: 84-7953-424-9
Depósito legal: B- 50.205-2000

Fotocomposición: Ediciones Urano, S. A.
Impreso por: LIBERDÚPLEX - c/Constitución, 19, Bloque 4 - 08012 Barcelona

Impreso en España - *Printed in Spain*

Para Jeannette, Isabelle y Benjamin.

Índice

Introducción

Estaba estirado en la cama con mi mujer, embarazada de ocho meses. Era tarde, pero no podíamos dormir. Ella leía libros sobre el embarazo. Yo leía una novela. «¿Cómo es que tú no lees estos libros?», me preguntó ella. Era una pregunta que habían oído millones de hombres, y como esos hombres, yo no tenía una buena respuesta. Me importaba el embarazo. La había acompañado a casi todas las visitas al tocólogo. Había asistido fielmente a las clases de preparación al parto y decorado y pintado de nuevo la habitación que ahora llamábamos del bebé. Sentía que quería leer sobre el embarazo, pero de algún modo era incapaz de hacerlo.

Miré alrededor de nuestra cama. Habían bultos por todas partes: no sólo el vientre protuberante de mi mujer, sino también montones y más montones de libros sobre el embarazo. Leí los títulos de los libros. Todos parecían estar escritos por mujeres o por médicos, y advertí que ninguno de ellos hablaba directamente a los futuros padres. Entonces, empecé a buscar minuciosamente en cada volumen, escudriñé cientos de páginas, e incluso tras explorar los índices, descubrí escandalizado lo poco que se había escrito sobre los hombres, quienes, según estos expertos, parecían tener un único papel en el embarazo: ¡lleva ese esperma a ese óvulo!

Perdónenme, pensé, ¡pero yo también formo parte de este embarazo! Fue entonces cuando comprendí que lo que realmente quería era un libro escrito *por* un hombre para un hombre, un libro que no me hiciera sentir como un intruso o un espectador. Quería un libro que me ofreciese sugerencias sobre cómo debía actuar, qué debía hacer, uno que me ayudase a comprender el estado emocional y físico de mi mujer y a ofrecerle una mayor comodidad; que, a la vez, me permitiese mantener mi lugar en nuestra relación, y que me ayudase a prepararme para ser padre.

Pero pronto descubrí que, para los hombres, no existían antiguas listas de reglas a las que dirigirse, ningún mapa que se transmitiese de generación en generación para avanzar por este difícil camino. Nuestros padres no pueden darnos un consejo detallado, porque la mayoría de ellos no intervinieron en los embarazos de su esposa. Fue entonces cuando decidí escribir este libro para hombres: un libro que también ayudase a las mujeres a comprender aquello por lo que pasan sus respectivos maridos.

Oímos constantemente que ser padre está poco valorado en nuestra sociedad. Es verdad. Mi experiencia me dice que no hay nada más bello. Nada. No es inferior a ser madre; es igual. Pero hay que empezar por el principio. La relación entre marido y mujer debe reorganizarse —evolucionar— a fin de que cuando el bebé haga su chillona aparición, todo esté en su sitio: padre, madre y un lugar en su vida común para el bebé.

Es un gran viaje para el hombre que quiera realizarlo. Lo sé: he estado allí. Es un camino que se hace avanzando paso a paso. Habrá ocasiones, por supuesto, en las que tendrás que dar algún salto. Si te caes, sencillamente te volverás a levantar y lo intentarás de nuevo. Y llegará el día en que te mirarás al espejo y te sentirás complacido por el padre que verás reflejado en él. Tendrás una o dos patas de gallo más alrededor de los ojos, pero sabes que volverías a repetirlo todo otra vez sin tener que pensarlo ni un segundo.

JAMES DOUGLAS BARRON

10 GRANDES MOMENTOS DEL EMBARAZO Y DE LA PRIMERA PATERNIDAD:

1. Oír las palabras: «Vas a ser padre…».
2. Transmitir a todo el mundo la buena nueva y ver cómo se iluminan sus ojos.
3. Oír por primera vez el latido del corazón de tu hijo.
4. El sexo en la mitad del embarazo. (¡Sorpresa!)
5. Visitar la sala de los recién nacidos en el hospital con tu mujer embarazada y ver a todos los bebés a través de la ventana.
6. Oír las palabras: «¡Es un niño!» o «¡Es una niña!».
7. Coger a tu hijo en brazos por primera vez.
8. Llevarle el bebé a tu mujer y ver cuán feliz la has hecho.
9. Darle la mano a tu mujer y ver cómo duerme vuestro hijo.
10. Calmar al bebé a media noche, después canturrearle una canción y bailar en la penumbra de la sala: sólo tú con tu hijo en brazos.

1
El primer trimestre

1. ¿Ella va a tener un bebé? ¡Felicidades!

Pero junto a las palmaditas en la espalda y los guiños perspicaces comprendes que tú también vas a tener un bebé. ¿No es sencillamente maravilloso? Bueno…, ¿no lo es?

2. Si todo esto es tan fantástico, ¿por qué te sientes como si estuvieses a punto de sufrir un ataque de nervios?

Tu mujer te apretó contra su pecho y te susurró cariñosamente al oído: «Me has hecho la mujer más feliz del mundo». De acuerdo, tal vez no hiciese exactamente eso, pero leíste el mensaje en sus ojos. Te deleitaste en él, sentiste que te hinchabas como un globo de aire caliente…, pero también advertiste un nítido tirón, como si estuvieses sujeto a unos sacos de arena.

Por supuesto, los primeros momentos, realmente deliciosos, son como recibir una tarjeta de felicitación. De todas las cosas que sabías que la harían feliz —un buen revolcón en la cama, un anillo de diamantes, una casa con jardín—, no hay nada comparable a esto. Está en éxtasis, fuera de sí. Y tú ya empiezas a sentirte intranquilo. ¿Por qué? Porque sientes que la responsabilidad aparece por encima de ti como si se tratara de una amenazadora nube tormentosa. Oyes el estrépito de los truenos; ella no puede oírlo. Ves los relámpagos; ella no. Sacas las llaves de tu bolsillo para no electrocutarte; ella no. La diferencia en vuestras respectivas reacciones te parece muy desconcertante.

El mejor remedio para esto es muy simple: no mires demasiado hacia delante o no disfrutarás del momento. Por supuesto, toma medidas. Si ya te preocupa la cuota de la matrícula de la universidad, empieza a ahorrar (¡ahora!). Pero no te enredes en la trama y la planificación hasta el punto de que te impida ver la gran maravilla que has ayudado a crear. Nadie puede arrebatártela. En otras palabras, corta las cuerdas, arroja el lastre y emprende el vuelo.

Más buenas noticias: no sufrirás un ataque de nervios durante el embarazo. En ocasiones creerás que lo estás teniendo, pero no será verdad. (Después, durante las seis primeras semanas tras el nacimiento del bebé, jurarás que lo estás sufriendo; pero, una vez más, no será así.)

10 RESPUESTAS QUE TU MUJER NO QUIERE OÍR CUANDO TE DIGA QUE ESTÁ EMBARAZADA:

1. ¿Estás *realmente* segura?
2. ¿Cómo lo sabes?
3. Venga ya, suspendiste las ciencias en el instituto; seguro que te has equivocado.

4. Bueno, siento una mezcla de emociones.

5. ¿Cuándo ocurrió *eso*?

6. ¿Qué quieres que te diga?

7. Estoy aturdido. Es una gran responsabilidad. Muy grande. Enorme. Quiero decir, realmente enorme. Imponente. ¡Caramba!

8. Estoy pasmado. Demasiado para responder.

9. Si es una niña, ¿significa que voy a tener que pagarle la boda?

10. ¿Puedo hablarlo contigo más tarde?

---

3. *Si lo estropeaste cuando recibiste la noticia, arréglalo ahora.*

Pídele a tu mujer una segunda oportunidad. No lo hagas por teléfono. Si es posible, tómate un rato libre en medio de la jornada laboral o sal más temprano del trabajo. Reúnete con tu mujer en algún lugar romántico, abrázala y permite que afloren algunos sentimientos. Si te sientes abrumado, actúa con sencillez. Pero dile que estarás a su lado, por ella y por el niño. Quiere saber que cuenta con tu apoyo. Y después, querrá saberlo de nuevo. Y otra vez. Y una vez más.

4. *Acompáñala a ver a su tocólogo..., pero prepárate.*

¿Prepararte para qué? Para los sentimientos de inseguridad, falibilidad y estupidez.

Esto es lo que te vas a encontrar en la sala de espera: mujeres embarazadas (en distintos estados del embarazo), quizás algunos maridos y también mujeres que no están embarazadas y que han ido para pasar su exámen ginecológico anual. Sientes miradas que se posan sobre ti. Después, la espera. Echas una rápida ojeada a las manoseadas revistas..., pero en el montón no encuentras ni el *Sports Illustrated* ni el *Esquire*. Te sientes claramente fuera de lugar.

Una enfermera que lleva un vaso de plástico pronuncia el nombre de tu mujer. O bien entras en trance o empiezas a pasar las páginas de las revistas con tal rapidez que te resulta imposible leerlas. Y entonces, tú también eres llamado al santuario interior.

El médico confirma el embarazo, y en ese momento, descubres que no te lo habías creído verdaderamente hasta que te lo dijo el hombre (o la mujer) con la bata blanca. Ahora llega la excitante rotación de la rueda del embarazo: el médico estudia los números y te dice cuándo concibió tu mujer, y entonces tú te pones a pensar si tuvisteis relaciones sexuales aquel miércoles. Él anuncia la fecha estimada para el parto y, aunque te recuerda que es imprecisa, ya es demasiado tarde: habéis fijado el mes y el día.

Andas con tu mujer por el pasillo, y cada vez que pasáis por delante de una puerta, los técnicos de laboratorio, las secretarias y la recepcionista sonríen y ofrecen una cantarina felicitación: para tu mujer.

Cuando salís a la calle, te preguntas (tal vez en voz alta): «¿Eran imaginaciones mías o allá dentro yo no era más que exceso de equipaje?». Y aquí tenemos una sencilla verdad: el mundo todavía se está poniendo al día respecto al futuro padre comprometido. Pero sabrás manejar la situación.

5. Alivia la culpabilidad de tu mujer.

Sus primeras palabras tras oír que está embarazada quizá sean: «¡Oh, Dios mío, ayer por la noche bebí demasiados cócteles y agarré una buena trompa! ¡Ya la he fastidiado!». O bien lamente la fiesta que se prolongó hasta las 4 de la madrugada. O el cigarrillo que le gorreó a alguien de la fiesta (¡y era un Camel sin filtro!). O cualquier otra cosa prohibida durante el embarazo.

Consolar a tu mujer y asegurarle que todo está bien forma parte de tu trabajo. No permitas que se torture a sí misma ni que la preocupación haga que se muerda las uñas durante nueve meses. (Y recordémoslo, la mayoría de nuestras madres fumaban Lucky Strikes sin parar y se atiborraban de martinis mientras estaban embarazadas, y al parecer, hemos salido bien.)

PREPÁRALE UNA CENA A TU MUJER. No permitas que se quede en la cocina o agarrará una cuchara y empezará a remover algo. Aunque seas un cocinero mediocre, tu esfuerzo galante conquistará su corazón. Recuerda: mucha fibra, mucha verdura y pocas grasas. (Y no seas tan tonto como para dejar que luego lave los platos, porque toda la magia se desvanecerá.)

---

6. Decidid a quién se lo vais a decir y cuándo.

Tras recibir la noticia, quizás experimentes un momento surrealista durante el cual no estés seguro de lo que hay que hacer después. La mayoría de la gente quiere decírselo a alguien (¡a quien sea!) a fin de que parezca más real.

Cuando mi mujer y yo nos enteramos de que ella estaba embarazada, nos estiramos en la cama, nos sonreímos el uno al otro y miramos los pequeños frascos con el indicador azul en el alféizar de la ventana. Nos abrazamos estrechamente, nos besamos con suavidad y rodamos por la cama sintiendo una mezcla de vértigo, alivio y temor ante el nuevo y enorme horizonte que se extendía ante nosotros.

—¡Se lo tengo que decir a mi madre! —proclamó ella alegremente.

—¿Qué tienes que hacer qué? ¿A quién? ¡Todavía no! —le dije.

—¿Cuándo entonces? —preguntó.

—Dentro de un mes —le contesté. Negó con la cabeza firmemente—. ¿Una semana? —Volvió a decir que no con la cabeza—. Bien, mantengámoslo en secreto hasta mañana.

Mi mujer cedió. Pero a las tres de esa misma tarde estaba de rodillas, suplicándome, implorándome y prometiéndome que me estaría agradecida toda la vida si, por favor, por favor, podía llamar sólo a su madre. «Y a los amigos íntimos», añadió. Admito, de entrada, que la idea de llamar a mis padres también me resultaba tentadora, porque es sabido que convertirse en padre es algo que reparte de nuevo las cartas de la familia.

Sí, la madre de mi mujer se emocionó con la noticia (casi podía oírla hacer las maletas mientras hablaba por teléfono). Mis padres también estaban extasiados. Después llamamos a un amigo. Y a otro. Era como comer anacardos: no podíamos parar. De hecho, durante semanas, cuando empezábamos a sentirnos algo decaídos, cogíamos el teléfono y llamábamos a alguien para animarnos un poco. (Cuando ya no te quedan más amigos a los que informar, empiezas a llamar a los parientes lejanos.)

Francamente, no existen pautas que regulen cuál es el mejor o el peor momento para decírselo a los demás. Algunas personas lo hacen nada más ver que el indicador se ha vuelto de color azul. Otras esperan a la onceava semana, cuando ya ha pasado el riesgo de sufrir un aborto. Otras se lo callan hasta que el embarazo empieza a ser evidente. Pero cuando una mujer tiene que decirlo, tiene que decirlo…, y hay muy pocas cosas capaces de detenerla.

LAS 10 COSAS QUE EL FUTURO PADRE MÁS TEME SOBRE EL EMBARAZO:

1. El bebé nacerá con algún problema.
2. Mi mujer se morirá en el parto.
3. Nuestras relaciones sexuales ya no volverán a ser lo mismo nunca más.
4. Jamás recuperará su figura.
5. Nuestro matrimonio no volverá a ser igual.
6. Mi mujer se interesará mucho más por el bebé que por mí.
7. Nuestras relaciones sexuales ya no volverán a ser lo mismo nunca más.

8. Cuando vea sangre en la sala de partos me desmayaré o haré alguna estupidez.
9. El nacimiento de mi hijo acabará con mi juventud y, sin darme cuenta, me habré convertido en un hombre de mediana edad.
10. Nuestras relaciones sexuales ya no volverán a ser lo mismo nunca más.

---

7. *Admite tu temor a que el embarazo y el niño torpedeen tu vida sexual.*

De acuerdo, tranquilízate. Todos conocemos el estereotipo: si el matrimonio todavía no ha exterminado tu vida sexual, la paternidad lo hará. La mala noticia en primer lugar: en ocasiones el embarazo y la paternidad pueden disminuir la pasión en la vida sexual. La buena noticia: no hay razón para que así sea.

Si hace tiempo que estás casado, ya sabes que no resulta fácil que las relaciones sexuales en el matrimonio se mantengan picantes. El sexo durante el noviazgo era fácil. Probablemente pasasteis por un prometedor período de completa lujuria, molestasteis a todos los vecinos, rompisteis el sofá-cama de tus padres copulando, provocasteis la paranoia en todos vuestros amigos porque pensaban que ellos no llegaban a tanto, atravesasteis por altibajos en vuestra relación que ocasionaron altibajos en vuestra vida sexual, os distanciasteis, volvisteis a estar juntos, os comprometisteis, os casasteis, y entonces, sentisteis el viento frío del aburrimiento sexual. Incluso ya antes del embarazo, quizás ambos erais conscientes de que teníais que trabajar a fin de mejorar vuestra vida sexual.

Hacer este esfuerzo resulta verdaderamente vital durante el embarazo, y en especial, tras el nacimiento. Las vacaciones son un buen medio para reactivar la vida sexual, pero no todos tenemos el tiempo libre o el dinero necesario para una rápida excursión al Caribe. Afortunadamente, el hotel más próximo puede proporcionar el refugio necesario. No hay nada como una cama neutral para poner al sexo en el lugar que le corresponde. Mi amigo Peter me comentó en una ocasión: «Siempre que mi mujer y yo caemos en la rutina nos vamos a un hotel. Compro una botella de vino, quizás alguna prenda nueva de lencería, a veces una revista picante o una cinta de vídeo, y descolgamos el teléfono. Pedimos que nos sirvan la comida en la habitación. Comemos a horas intempestivas y dormimos hasta tarde. Tomamos largos baños juntos y nos hacemos masajes el uno al otro. Hacemos todas esas cosas para las que no tenemos tiempo en nuestra rutina diaria». Mis otros amigos están de acuerdo: ¿Qué resulta más atractivo: una hora con el consejero matrimonial o una noche de placer? El coste es más o menos el mismo.

Así pues, ¿qué quieren los hombres de una mujer embarazada? No sólo sexo: probablemente podrás disfrutar suficientemente de él durante el segundo trimestre. Yo creo que es la fantasía. Mi amigo Cliff me contó que su novia de entonces (hoy su mujer) entraba en su despacho fuera de horas, vestida sólo con un brillante impermeable rojo. «Lo dejaba caer y nos echábamos un polvo sobre mi mesa. Un polvo increíble.» Pero eso no es lo que tú puedes hacer en estos momentos: la cruda realidad es que la última cosa que tu mujer embarazada quiere hacer es pasearse por la calle únicamente con un impermeable encima. Se siente romántica, reservada y maternal; no salvaje ni osada. De modo que, si quieres conseguir tu merecida recompensa, tendrás que apoyarla y mostrarte romántico con ella. Si no hay romanticismo, no hay sexo.

8. Probablemente, una vez transcurridas un par de semanas de embarazo no sabrás muy bien cómo te sientes.

¿Entusiasmado? ¿Defraudado? ¿Desorientado? ¿Más potente? Quizás experimentes todos estos sentimientos, uno tras otro. Explícale a tu mujer cómo te sientes con tranquilidad y claridad: no te andes con rodeos. ¡Tal vez ella también sienta lo mismo!

9. Permite que el embarazo sea mágico.

Un día mi mujer me dijo que sentía una leve sensación de cosquilleo en el útero: «como mariposas». Una amiga nuestra sintió una ligera compresión e imaginó que era el óvulo uniéndose a la pared uterina. Si tu mujer te hace algún comentario parecido, no le digas: «Eso es ridículo», ni tampoco: «Es imposible que ya puedas sentir algo» o «Debe de ser el chile que cenaste anoche». ¿Por qué rebajar un pensamiento bonito? Es mejor hacer algo realmente delirante, como pegar tu oído a su vientre para escuchar. Por supuesto, lo único que oirás serán los gorgoteos atonales y monótonos de su aparato digestivo (parecidos al canto de las ballenas), pero a ella le emocionará que lo hayas intentado.

---

10 COSAS QUE UNA MUJER EMBARAZADA QUIERE QUE HAGA SU MARIDO:

1. Soñar con cómo será la vida con el bebé.
2. Ayudarla a superar sus miedos.

3. Acompañarla al tocólogo tan a menudo como sea posible.

4. Planificar la habitación del bebé con ella.

5. Hacerle masajes en la zona lumbar y en los pies.

6. Llevarle flores.

7. Escucharla hablar de sus dolores y ansiedades.

8. Hacerle el amor cuando ella quiera, pero ser comprensivo cuando no quiera.

9. Al llegar a casa, no ir nunca directamente a leer el periódico, mirar la televisión, ver el correo o abrir el armario de las bebidas. En lugar de ello, preguntarle cómo se siente.

10. No mirar jamás a otras mujeres (sobre todo cuando ella está delante).

---

10. El reglamento de caballerosidad es pertinente: ayuda a tu mujer al cruzar la calle, llévale las bolsas pesadas, llévalo todo tú, excepto su monedero.
Quizá todavía no sea necesario en este período del embarazo, pero no importa. Tal vez, de vez en cuando, ella te diga que no hace falta. Pero probablemente no lo haga. A las mujeres les encanta que las mimen. Apreciará tu tierna atención, y

te lo hará saber. Al menos, asegúrate de que tu mujer se coja de tu brazo cuando andéis por superficies resbaladizas a causa de la lluvia, la nieve o el hielo; su sentido del equilibrio puede estar alterado.

11. Defiende el espacio corporal de tu mujer.

Esto incluye pedirle al gordo patán que se está comiendo un bocadillo en el autobús que se levante para que tu embarazada y delicada mujer pueda sentarse, ponerte delante de ella en el metro para que nadie le dé un codazo, abrirte camino en un centro comercial atestado a fin de que tu mujer pueda andar detrás de ti, y decirle a la persona que está a vuestro lado que no fume porque tu mujer alberga un bebé. Por lo general, la gente reacciona prontamente; no hay nada tan apreciado como una mujer embarazada.

Quizá caigas en la cuenta de que, de un modo inconsciente, te has vuelto más protector de lo habitual. Eso está bien. Necesitarás serlo, y en ocasiones, de un modo que no resultará tan obvio.

12. Protege a tu mujer del estrés.

Una de las ironías de la vida es que el estrés aumenta cuando menos lo necesitas. Durante el embarazo, tu mujer no necesitará utilizar su imaginación para prever lo peor. Lo peor revoloteará frente a ella en la más pequeña probabilidad estadística de un aborto o de un defecto de nacimiento, y en los comentarios preventivos y las prohibiciones del tocólogo.

Enséñale a que aprenda a desconectar el teléfono, estirarse y respirar lentamente, y trata de hacer tú lo mismo.

13. No permitas que tu mujer se pase todos los momentos que está estirada en la cama con la cabeza enterrada en textos sobre el embarazo.

Estos libros dan por sentado que no existe ningún detalle que resulte demasiado técnico ni demasiado trivial ni demasiado terrorífico para ser absorbido por tu mujer. Tú no estás convencido de que todos estos pesados volúmenes mejoren su perspectiva, pero ella sí. Intentas que deje los libros a un lado. Se niega. Comprendes que la última cosa que haréis tras este tira y afloja sobre la cuestión de los libros será tener unas buenas relaciones sexuales, lo cual, entre las náuseas matinales y las preocupaciones constantes, ya se está convirtiendo en una víctima del período del embarazo.

Piensa en la manera de apartar a tu mujer de los libros con tacto. Aprende qué momento es el más adecuado para quitarle las gafas y devolverla al momento presente. Entonces, pega tu oído a su vientre (una postura que a ella le resultará infinitamente cautivadora). Hazle masajes en la espalda, los hombros, los tobillos, los muslos, y quién sabe dónde más.

14. Deja que tu mujer comparta sus preocupaciones laborales contigo (y mientras estás en ello, comparte también las tuyas con ella).

¿Cuándo debería decirle a su jefe que está embarazada? ¿Acaso decírselo significará darle una patada a su ascenso? A pesar de los objetivos que se había marcado en su carrera, ¿sueña ahora con abandonarlos a fin de cuidar al bebé? ¿Por cuánto tiempo?

Quizá se sienta culpable por *no* tomarse un año libre (tal vez porque su madre fue de las que se quedaron en casa y ella quiere ser tan buena madre para su hijo como su madre lo fue para ella). O tal vez diga: «Económicamente no tiene sentido pagarle a una niñera casi tanto como lo que yo gano». O quizá se pregunte si es capaz de enfrentarse a una maternidad de jornada completa, con sus débiles recompensas diarias. Reconoce que, para ella, ninguno de los pensamientos que tiene sobre su trabajo o su nueva maternidad resultan blancos o negros, del mismo modo que las decisiones que debe tomar tampoco están bien definidas todavía.

Aunque tu mujer tenga su propia carrera, prepárate a hablar sobre la cuestión de dedicarse por completo a ser madre. Ya veo cómo tragas saliva. Tal vez has contado con sus ingresos y ahora sientes un nudo en la garganta que se va apretando por momentos. ¿Cómo vas a ganar más cuando lo que piensas es que deberías trabajar menos a fin de pasar más tiempo «de primera calidad» con tu hijo? ¿Cómo vas a competir con los jóvenes recién salidos de la universidad, con la cabeza repleta de titulaciones superiores, que llegan antes de las ocho, se quedan hasta las nueve de la noche, juegan a tenis, comen hamburguesas, beben cerveza y se meten en el sobre tarde (solos o acompañados de una chica que se acaban de ligar)? Quizá te sientas como si te pidiesen que levantases el pie del acelerador y que, de algún modo, aumentases a la vez la velocidad.

Así es, hay muchas cosas sobre las que necesitas hablar con tu mujer.

15. Quizás empieces a preguntarte: ¿cómo podemos permitirnos tener un hijo?

Si eres como la mayoría de la gente, sabes que el dinero no cae del cielo. ¿Qué debes hacer entonces?

En primer lugar, confiesa tus preocupaciones a tu mujer. Éste no es momento para el estoicismo al estilo Clint Eastwood. Quizás ella no tenga la respuesta financiera, pero te recordará que el niño es una añadidura deseada a vuestra vida y que, si hay que hacer sacrificios, los haréis los dos. En segundo lugar, ten una entrevista con un consejero financiero cualificado que sea capaz de ayudarte a trazar un plan a cinco, diez y quince años para la familia que estáis empezando a crear. Podrá ayudarte a dilucidar el mejor medio para manejar tus miedos económicos, desde cómo poner más comida en tu mesa hasta cómo rellenar el colosal cheque para la universidad.

Pero, hoy en día, el hombre no se siente satisfecho con ser meramente un proveedor, del mismo modo que la mujer quiere dejar su huella en el trabajo además de hacerlo en la familia. Ambos desempeñáis unos papeles que se mezclan y forman una conjunción: es la razón por la cual éste es un momento único para ser padres. Casi todos mis amigos varones me dijeron: «Oye, si lo que se espera de mí es que me ocupe de la mitad de la crianza, no puedo ser responsable de todo el abastecimiento». Si realmente no quieres perderte la crianza de tu hijo, pregúntale a tu mujer si te ayudaría a disponer del tiempo necesario para poder participar en ella continuando con su trabajo: a jornada completa o a media jornada.

16. Pide a tus padres y a tus suegros que te transmitan algunos conocimientos parentales.

Se sentirán indudablemente halagados; envainarás la espada (si es necesario) y de este modo les ayudarás a adoptar el estado mental adecuado para ser abuelos. Sonríe e inclina la cabeza en señal de aprobación aunque no estés de acuerdo con lo que te dicen. Quédate con los fragmentos de sabiduría, por muy pequeños que sean.

17. *Sobre sus constantes ganas de orinar: hazte con un buen abastecimiento de vasos de papel.*

Los necesitarás cuando tenga que orinar urgentemente en el coche, en los aviones cuando todos los lavabos estén ocupados, en los trenes que carecen de aseos o en los parques en los que los arbustos ofrecen unas perspectivas menos atractivas.

Y en lugares inesperados. En una ocasión, mientras visitábamos una feria del condado, mi mujer necesitaba orinar («¡ahora!»), pero cuando vi las largas colas de personas (que masticaban algodón de azúcar y churros) de pie frente a los lavabos portátiles y tras tomar en consideración el calor sofocante, las moscas y el humo, pensé: «No, será mejor que sigamos el plan B». La llevé rápidamente hacia el coche, donde un vaso de papel resultó ser el receptáculo esencial que teníamos más a mano. Después de esta experiencia, nunca viajamos sin nuestra provisión de vasos.

18. *Has de saber que el sentido del olfato de tu mujer nunca ha sido más fino.*

Apártala de situaciones que sean potencialmente hediondas. No la lleves a bares o restaurantes mal ventilados en los que el aire parece estar cargado de treinta años de vicio, hamburguesas con queso y cera para el suelo. Si al andar por la calle ves moscas que revolotean en círculos por encima de las bolsas de basura abiertas frente a un restaurante chino, cógela por el brazo y cambia de acera. No te pases con la colonia ni con la loción para después del afeitado y utiliza un enjuague bucal: el menor indicio de mal aliento le resultará totalmente repelente.

Más adelante, quizá llegue a congestionarse tanto que aunque la llevases a una granja de vacas en un abrasador día de verano te diría que huele de maravilla. Hasta entonces, sé un verdadero héroe y tira la basura más frecuentemente. Y si tienes un gato, asegúrate de limpiar su caja por dos motivos: el olor y el riesgo de toxoplasmosis.

19. Si tu mujer padece náuseas matinales especialmente virulentas, recuérdale que ingiera pequeñas cantidades de comida, y nada demasiado picante.

El jengibre puede aliviar las náuseas, al igual que otras infusiones de hierbas que hayan sido aprobadas por el médico. O prueba las bandas de plástico que se colocan en la muñeca contra el mareo (de venta en las farmacias). Pregúntale al tocólogo qué antiácidos puede tomar y ten a mano un puñado de caramelos; algunas mujeres sienten un alivio en el estómago al chuparlos. Y no esperes que las náuseas matinales acaben cuando acaba la mañana, porque no llevan reloj.

20. Siente empatía con las náuseas matinales de tu mujer.

Imagínate la peor resaca de tu época universitaria y multiplícala por tres. Sólo pensar en un vaso de agua te hace vomitar. Sientes latir con fuerza todos los pulsos de tu cuerpo. Sientes hormigueos. Tus sienes están a punto de explotar. Cuando estás con la cabeza colgando encima del inodoro se te pone la piel de gallina en la nuca, y tienes la lengua viscosa, un sabor a azufre en el paladar y un aliento viciado en la garganta.

De modo que cuando tu mujer esté postrada frente al inodoro, permanece a su lado. No, no es uno de los deberes a los que tienes mayor aprecio, y quizás ella misma te diga que la dejes sola. Sin embargo, al quedarte le transmites que estás dispuesto a estar a su lado en lo bueno y en lo malo, y no sólo para disfrutar de los momentos gloriosos de la paternidad.

Cuando se sienta mejor, dale un caramelo de menta y abrázala.

5 COSAS QUE DEBERÍAS DEJAR:

Si no has oído hablar de estos Cinco Mandamientos, ¿dónde has estado? (Desde luego, no con tu mujer en el tocólogo.) Son para ella *y* para ti: resulta mucho más fácil cumplirlos juntos.

1. No beberás (delante de tu mujer, al menos).
2. No fumarás (especialmente delante de tu mujer: el humo de los demás también resulta perjudicial).
3. No comerás alimentos grasos ni fritos (no quieres que se te obturen las arterias).
4. No tomarás té ni café con cafeína (puedes beber todo el café que quieras cuando no estés con tu mujer).
5. No tomarás drogas recreativas (¿necesitas que te lo explique?).

21. Elimina las tentaciones del armario de las bebidas y la despensa.

A tu mujer le resultará fácil no beber en público (donde personas totalmente desconocidas podrían arrancarle un vaso de la mano, llamarle la atención o amenazarla con azotes públicos). En casa, donde no hay nadie que la mire, a veces resulta más difícil no beberse una copa de Chardonnay frío antes de la cena. Para que le resulte más fácil no beber, oculta las botellas de vino y los licores en las sombrías cavidades de un armario en desuso (o aún mejor, en una oscura bodega). Sácalos de nuevo tras el nacimiento de vuestro hijo.

Busca sustitutos. Los vinos sin alcohol no son demasiado buenos, pero las cervezas sin alcohol no están tan mal. Haz sangría «virgen» con mucha fruta, cócteles de zumo de tomate con una ramita de apio pero sin el vodka, bebidas adornadas con lima que se parezcan al gin tonic pero sin la ginebra (aunque, seguramente, uno de los dos dirá que no tienen nada que ver con el gin tonic). Moler los granos de café descafeinado, abrir una botella de cerveza sin alcohol o descorchar una botella de vino sin alcohol satisfará la necesidad de seguir un ritual.

Acuérdate también de que lo que veas en la nevera y en la despensa se convertirá en tu cintura. Mantén el congelador libre de helados: no sólo por el bien de tu mujer, sino también por el tuyo. En vuestro estado de mutuo embarazo, será imposible mantener el límite en una cucharada. Ten mejores cosas a mano: yogur helado bajo en calorías, muchas bayas y otras frutas.

22. Hazte una revisión médica.

Con toda la atención concentrada en las visitas de tu mujer al tocólogo, probablemente te olvides por completo de tus propias revisiones. ¡Ve a hacerte una! Ahora es un buen momento para controlar tus niveles de colesterol y de las lipoproteínas de alta densidad (HDL) a fin de asegurarte de que tu sistema cardio-vascular funciona bien. Además, hazte una revisión de la próstata (sé que no se trata de nuestro momento favorito). Si te haces una revisión médica, tendrás que subirte a la balanza para determinar minuciosa, absoluta y verdaderamente tu peso.

Ahora, rétate a mantener tu peso actual (dando por sentado que es el adecuado) y a bajar tu nivel de colesterol (si es que lo necesitas). No te permitas engordar diez o quince kilos por simpatía. Cuando oigas los primeros llantos tras el parto, sabrás que quieres vivir para ver a los hijos de tus hijos, de modo que ofrécete la mejor oportunidad posible.

23. *Un bonito día de verano, sugiérele a tu mujer que se ponga en la parte de la piscina que no cubre (o que se siente en los escalones) a leer un libro.*

Para mi mujer éste fue un método perfecto para pasar ociosamente una hora de un día de embarazo. De vez en cuando flexionaba una pierna para hacer algún ejercicio isométrico de nalgas, pero por lo demás, era un puro placer. Dale un sombrero, ponle mucha crema con protección solar, acércale la comida y se pondrá a ronronear y a pensar en el gran apoyo que encuentra en ti.

Hazle una foto, y cuando la reveles, anota en el reverso el lugar y el mes del embarazo en que la hiciste.

24. *Considera bello el cuerpo embarazado de tu mujer.*

¿Qué? ¿No te sientes atraído por el resplandor hormonal de tu mujer embarazada y sus nuevas curvas? ¿No te parece sexy su confianza en sí misma? Ponte al día: dile que esas famélicas jovencitas de diecisiete años que aparecen en las portadas de las revistas de moda no te resultan atractivas. Se sentirá halagada. (Si vais a visitar un museo de arte, dile que empiezas a entender el motivo por el cual tantos artistas escogen pintar desnudos plenos y voluptuosos.)

25. El sexo durante el embarazo es, bueno, distinto al sexo corriente.
Su cuerpo, preparado para el parto, está flexible. Está más lubricada y siente una extrema necesidad de contacto físico y emocional, pero al principio del embarazo su libido estará limitada. Atención: navegas con vientos que cambian constantemente. Espera hasta ver las banderas indicativas: primero está interesada, después no lo está, después lo está, después no lo está. (Tendrás que actuar a la velocidad de la luz antes de que cambie su humor.)

Y las cosas se vuelven complicadas también para ti. En algún lugar recóndito de tu mente, temes que el niño sienta tu pene o que las fuertes acometidas puedan provocar un aborto. Más adelante, te preocupará provocar el parto antes de la fecha prevista. Con todos estos pensamientos que traquetean en tu cabeza, todavía intentas pasártelo bien. No siempre es fácil. Tal vez tus erecciones languidezcan, aunque no te haya pasado nunca antes. O quizás ella manche la sábana después de la relación sexual y eso os preocupe a ambos.

¿Qué hacer? Empieza por airear tus preocupaciones con su tocólogo. Él o ella te dará luz verde (dando por sentado que tu mujer tiene un embarazo normal) y te proporcionará las pautas que ahora buscas. Pregúntale: «¿Qué es demasiado en el acto sexual?» o «Dígame: ¿tengo que preocuparme de que mi pene pueda dañar al niño? ¿Puede provocar un aborto?». Después, pon freno a todas esas imágenes en las que ves a tu futuro hijo como un embrión en desarrollo: te inhiben sexualmente.

También debes hacer un esfuerzo por tener una buena comunicación con tu mujer respecto a las posiciones que le resultan más cómodas. Obviamente, las que prefiera durante el embarazo quizá no sean tan fantásticas. Comprende también que estas preferencias evolucionarán a medida que lo haga el embarazo. Si es posible, mantén estas conversaciones ligeras y divertidas: evita que sean pedantes y que tengan un tono médico. Una vez que el sexo se vuelve demasiado clínico, entra en una espiral descendente.

26. Nunca le digas a tu mujer que deje de compadecerse de sí misma ni que deje de explicarte las molestias que le causa el embarazo.

Tiene que dar salida a sus sentimientos y no quieres que tenga que confiar totalmente en sus amigas (si lo hace, te sentirás excluido y desearás que te hubiese contado más cosas a ti).

27. Considera la posibilidad de llevar un diario: quizá sea el método menos amenazador que tendrás para expresar tus sentimientos durante el embarazo.

No, los diarios no son para todos los hombres. Pero aunque nunca antes hayas sido capaz de llevar uno, quizás ahora sea el momento de probarlo.

En caso de que todavía no te hayas dado cuenta, las mujeres son diferentes. Adoran hablar de sus cosas con sus amigas y son capaces de dedicar toda una noche (o el fin de semana entero) a sus problemas íntimos, no llegar a ningún tipo de resolución y no obstante sentir que ha sido una experiencia fantástica. Los hombres *solucionan* mientras que las mujeres *clarifican*. Después, los hombres se disculpan: «Siento haber estado hablando durante tanto tiempo sobre este tema...», mientras que las mujeres llaman para decir: «Me olvidé por completo del detalle más jugoso...».

Verdaderamente, los hombres no quieren oír que te sientes mal. Durante uno de esos momentos bajos y alarmantes del embarazo que todos pasamos de vez en cuando, invité a un compañero a una cerveza y le enumeré rápidamente mis desdichas. Me escuchó con una expresión vacía e incompetente que le cruzaba el rostro como una sombra fría. Finalmente, con una mirada vidriosa, levantó un dedo para llamar al camarero: «La cuenta, por favor». Fin de la conversación.

Pero las páginas de tu diario no te juzgan. Exprésate libremente. Dibuja. Haz garabatos. Ponte poético. Escribe pasajes terribles, o magníficos.

28. Intenta no obsesionarte con miedos sobre el embarazo que están básicamente fuera de tu control.

Es probable que tengas algunos miedos que se te aparezcan a media noche: un aborto, defectos de nacimiento o un parto doloroso. En ocasiones, estos miedos resultan más perturbadores porque quizá nunca antes te hayas enfrentado a algo tan importante sin tener la menor idea de cómo progresa realmente y cuyo buen fin resultase tan crucial. Pero tendrás que acostumbrarte a este futuro de apariencia nebulosa, imaginar lo mejor y seguir adelante. Preocuparte tanto por el niño es algo sano. Lo que ocurre es que, sencillamente, no estás acostumbrado a esta nueva sensación de vulnerabilidad. Tal vez todavía no hayas considerado esta cuestión plenamente, pero la vulnerabilidad permanecerá para siempre: más adelante, como padre, podrás imaginarte un número infinito de catástrofes, tales como coches que invaden a toda velocidad la acera, y así una cosa tras otra. Permíteme que subraye lo siguiente: debes contener esta porción de tu imaginación y buscar medios más constructivos para manejar estos nuevos pensamientos y presiones. Probablemente algunos de estos miedos sean realmente controlables, pero tú sientes que no lo son: serás un padre despreciable, te perderás cuando vayas de camino al hospital, montarás un número en la sala de partos, tu mujer te querrá menos tras el nacimiento de vuestro hijo...

Es posible controlar estos miedos. Puedes llegar a ser un gran padre. No te perderás ni montarás ningún número. Tu mujer te querrá más cuando seas padre que antes.

Y no te atormentes por tus errores durante el embarazo. Quizá recuerdes el día en que no cogiste del brazo a tu mujer, se cayó sobre el hielo y ambos estuvisteis preocupados por la posibilidad de que el niño se hubiese lastimado. Tal vez la ocasión en la que no oliste la bebida que el camarero mezcló para ella y resultó que no era un cóctel «virgen» de zumo de tomate (tu mujer lo engulló de un trago antes de que te dieses cuenta).

Relájate. La razón por la que todo esto te preocupa es que estás haciendo un esfuerzo: para que tu mujer se sienta cómoda, para forjar un vínculo con el niño que va a nacer, para convertirte en un buen padre.

29. Recuérdale que beba más agua. Ahora bebe para dos.

30. Despeja tu mente antes de oír el primer latido de tu bebé.
Bum, bum, bum. No permitas que ningún pensamiento inoportuno se interponga entre tu hijo y tú. Cierra los ojos. Imagínate lo que ha ocurrido: has ayudado a crear un corazón humano y está latiendo.

31. Llama a tu compañía de seguros.

Asegúrate de que tu seguro cubre a tu hijo. Llama a tu agente y consigue una confirmación por escrito de la cobertura. Muchos seguros cubren automáticamente a los niños, pero es probable que debas notificarle a tu agente el nacimiento de tu hijo antes de que pasen treinta días. No te fíes de tu memoria: apúntatelo en un calendario.

Infórmate sobre los gastos que cubren del embarazo y el parto, cuándo debes enviar las facturas y qué hospital considera la compañía de seguros que será el más adecuado para la madre y el niño. Organízate. Cómprate un archivador de fuelle. Marca distintos rótulos: a pagos, recibos, enviado a la compañía de seguros, reembolsado por la compañía de seguros… Las aseguradoras cuentan con una maquinaria que se «come» sus papeles (u otras excusas similares), en particular cuando tienen que mandarte un cheque.

Necesitarás semanas o meses tras el nacimiento de tu hijo para aclarar las cuestiones del seguro, y antes de que lo hagas, perderás la paciencia si es que no pierdes una parte sustancial de la cabeza. Por consiguiente, resulta absolutamente vital que empieces por tener las cosas claras desde el principio.

32. Recuérdale a tu mujer las alegrías de no tener que utilizar métodos anticonceptivos.

El New York Mets tenía un eslogan pintado en el muro exterior de su estadio: «¡El béisbol como tiene que ser!». (¿Te acuerdas del triunfal golpe de rebote que pasó a través de los tambaleantes tobillos de Bill Buckner en las series del 86? Bueno, sinceramente, ¿acaso no tienen que ser así las relaciones sexuales: libres de preservativos, diafragmas y pegajosos espermicidas? ¿No sientes que son…

perfectas? Dile a tu mujer cómo disfrutas de la sensación y la intimidad. Admítelo: es un alivio no tener que gastar tiempo ni energía cargándote a tu pequeño ejército de espermatozoides cada vez que haces el amor.

Pronto volverás a esos comprometedores métodos. Disfruta de estos momentos y permite que queden en tu recuerdo.

33. *Ayuda a tu mujer a escoger un tocólogo.*

No, tradicionalmente, escoger a un tocólogo no ha formado parte de la esfera del hombre. Sí, estás interesado en tener alguna influencia, porque él o ella traerá al mundo a un niño que también es tuyo. No le pises los pies a tu mujer, pero me parece que al menos puedes aproximarte lo suficiente para actuar como una caja de  resonancia de sus intereses. ¿Le gustan los médicos que la cogen de la mano? ¿Se inclina por alguien que tenga una figura dogmática y autoritaria? ¿Preferiría un aderezo de obstetricia Nueva Era con una dosis de medicina occidental?

Las opciones están ahí fuera y no deberías minimizar la importancia de la relación médico-paciente. Y tus sentimientos también cuentan. Si no soportas a su tocólogo, te cuestionas su competencia o sientes que ignora tus preocupaciones, dilo en voz alta. Pero recuerda que al fin y al cabo se trata de su cuerpo y de su médico.

34. Si tu mujer insiste en utilizar los servicios de una comadrona para el parto, tienes permiso para expresar tu preocupación respecto a las cuestiones médicas.

Sí, en tu cerebro resuenan los «¿y qué pasaría si…?», y a pesar de que sabes que se trata de cosas improbables, no eres ni tan siquiera capaz de imaginar qué harías si tu mujer muriese al dar a luz. (No lo hará.) Sin embargo, probablemente querrás tener a tu disposición el máximo soporte tecnológico, por si acaso fuese necesario utilizarlo. Es bastante razonable. De modo que, ¿por qué no llegar a un acuerdo? Utilizad los servicios de una comadrona en una sala de partos especial de un hospital. Si todo va bien, será un parto natural. Si tu mujer necesitara mayor atención, bueno, sólo habría que pedirla.

35. Comenta con tu mujer si prefiere que su ginecólogo habitual sea también su tocólogo.

Recuérdale que quizá sea una buena idea consultar el tema con vuestros amigos a fin de obtener alguna recomendación. Tal vez no se haya planteado que una tocóloga sería más capaz de mostrar empatía con su embarazo. (Y quizá tú te sentirías más cómodo si una mujer le realizase los exámenes rutinarios.)

Mi mujer adoraba a su ginecólogo hasta que se convirtió en su tocólogo. Entonces, sus respuestas empezaron a sonar exageradamente clínicas, difíciles de descifrar, y finalmente, inquietantes. Tras abandonar la consulta, mi mujer murmuró: «Si realmente le gustan tanto los niños, ¿cómo es que sólo habla de ellos estadísticamente?».

Con el segundo embarazo buscamos un nuevo tocólogo y encontramos a una mujer (sí, una madre) que mostró mucha más comprensión con respecto a nuestro embarazo.

36. Conoce la rutina de las visitas al tocólogo.

A la mayoría de los hombres les resulta incómodo ir al médico, pero acompañar a otra persona puede resultar incluso más alarmante. No te sentirás tan perdido si sabes lo que va a ocurrir. Aquí tienes el procedimiento:

Cada vez que tu mujer vaya a visitarse le pedirán que orine en un recipiente, cosa que hará en el lavabo (ella sola). Después, una enfermera le tomará la presión arterial (por lo general, antes de que entre el médico). En algunas ocasiones le pedirá que se suba a la balanza. Tu mujer no soporta este momento y empieza a arrepentirse de todas las hamburguesas que engulló cuando nadie la miraba. No hagas bromas con esta cuestión: probablemente no le quede ni el menor rastro de su sentido del humor.

Seguidamente, el médico aparece en escena, te estrecha la mano, se acerca a tu mujer, le hace algunas preguntas rutinarias, sonríe, y se dirige *ahí* para realizar una inspección en primer plano. No sabes cómo se supone que debes actuar y por ello te sientes torpe y estúpido.

Su tocólogo quizá te pregunte si quieres mirar dentro de tu mujer («Oh, no, gracias», le contesté yo siempre.) Si más tarde tu mujer te pregunta por qué has actuado como si estuvieses un poco desconcertado, pregúntale tú cómo se sentiría ella si tuvieses una uróloga que examina minuciosamente tus órganos sexuales a fin de asegurarse de que todo funciona bien. ¿Le gustaría ver cómo lo lleva a la práctica? Pero, realmente, el trabajo del tocólogo es mucho menos erótico que clínico. Te sorprenderá ver con qué rapidez se quita los guantes de goma, se lava las manos y te ofrece un breve bosquejo de lo que probablemente experimentará ella a continuación.

Ahora llega tu gran oportunidad: las preguntas. Elabora tu lista antes de acudir a la revisión para no olvidarte de ninguna. Haz todas las preguntas que tu mujer no se atreve a hacer por exceso de timidez o de modestia, y no te preocupes por emplear demasiado tiempo; el tocólogo tiene una buena remuneración, y por lo general, estará encantado de ver a un futuro padre comprometiéndose.

Besa siempre a tu mujer cuando se marche el doctor (mientras se viste a toda prisa). Naturalmente, eres un héroe por estar ahí, de modo que no salgas a toda velocidad. Dile cuán feliz te sientes de que todo marche bien.

37. Si el tocólogo de tu mujer es un hombre, no te quejes si está enamorada de él.

Tiene que creer en ese tipo. Aunque no esté enamorada de él, estará impresionada por él. *¡Sabe tanto! ¡Es tan inteligente y tan fuerte! ¡Es capaz de resolver cualquier cosa!* Nunca menosprecies el papel del tocólogo. Mi amiga Marina me dijo: «¡Al tocólogo le explicas cosas que no le cuentas a tu psiquiatra!». «Como qué¿», le pregunté. ¿Y cuál fue la escalofriante respuesta¿: «Cosas sobre tu marido». Quizás empieces a sentirte un poco marginado. Intenta recordar que él cobra un sueldo para resultar tranquilizador, ser paciente y estar bien informado.

¿Tu trabajo¿ Permanecer lo suficientemente comprometido con el embarazo para que no pueda proclamar que su tocólogo se interesa más por sus preocupaciones que tú.

6 COSAS QUE DEBERÍAS RECORDAR CUANDO TRATES CON SU TOCÓLOGO:

1. Él (o ella) no es Dios.
2. Aunque el médico lo sepa todo sobre el embarazo, y tú no sepas casi nada, sigues siendo más importante para tu mujer.
3. No te sientas intimidado. Tienes derecho a hacer preguntas y no importa lo muy estúpidas que te parezcan.
4. No deberías sentirte celoso si su tocólogo es un hombre. Recuerda que no puede ser tan interesante pasarse el día comprobando el estado de las vaginas de las mujeres. (Si lo fuese, todos los hombres querrían ser tocólogos.)
5. Las horas de trabajo de los tocólogos son más irregulares que las de los bomberos, y ocasionalmente, quizás esté cansado o algo brusco.
6. No tienes por qué conformarte con la jerga médica si quieres consejos o una opinión. Pide (educadamente) que te lo traduzca.

38. Estáte preparado para interminables pruebas médicas.

Durante un embarazo normal a tu mujer le harán al menos una ecografía. Se estirará boca arriba en una camilla y una enfermera le pondrá un gel tan frío como el mentol sobre la barriga. Sé un genio y advierte a tu mujer, o todavía mejor, pregúntale a la enfermera si es posible que lo caliente en sus manos antes de aplicárselo. Tu mujer te preguntará si estás excitado. Aunque no lo estés —aunque confíes en la tecnología actual tanto como confías en los políticos actuales—, tu respuesta será: «Increíblemente». (Es la única respuesta que quiere escuchar.)

Finalmente, empezarán a deslizar sobre su barriga desnuda una especie de aparato parecido a una vara en todas las direcciones hasta que aparezca una imagen clara en una pequeña pantalla situada cerca de la camilla. Es probable que, desde tu posición, puedas ver la pantalla mejor que ella, pero no serás capaz de distinguir nada (nunca lo admitas: le romperías el corazón a tu mujer). Comprende que éste es un momento profundo para ella, la confirmación de que todas sus carreras de 50 metros al lavabo, sus incipientes hemorroides y los kilos de más han merecido la pena. Arrullará: «Ohhh…, se está chupando el pulgar» o «¡Mira! ¡Está dando patadas!». (Si tu mujer desconoce el sexo del niño, probablemente dirá «él» porque le recuerda a ti.) Quizá te sientas distraído por el pequeño corro de enfermeras que se habrá formado a vuestro alrededor o por los estridentes ruidos que surgen de un pequeño altavoz, pero no te olvides de pedir las fotos de tu hijo (las imprimen en un papel tan fino como la lengua de una lagartija), y colócalas dentro de un libro o en tu agenda para que no se enrollen ni se estropeen. Cuando salgáis a la calle, comparte tu excitación con tu mujer, párate en algún lugar para comprar un marco y entrégale la foto bien enmarcada. Después abrázala y dile: «Va a suceder verdaderamente. Lo estás haciendo de maravilla». Ésas son las palabras exactas que quiere escuchar.

En otra visita, el médico le hará la prueba de la diabetes de la gestación. Si tu mujer desarrolla este tipo de diabetes, recuerda que casi siempre se trata de algo temporal que desaparece tras el parto. Le darán un frasco con un brebaje que deberá guardar en la nevera por la noche a fin de reducir un poco su repulsión, y le dirán que se lo beba (despacio, por favor) una hora antes de hacerse la prueba. Su reacción será como la de una película de Mel Brooks. El brebaje es pútrido (mi mujer me pidió que lo probase con un dedo; su sabor era como el olor de los insecticidas).

Existen montones de pruebas distintas, la mayoría de las cuales se realizan utilizando sangre u orina, y todas ellas son capaces de provocarte un buen mareo. La norma para todas las pruebas: no te preocupes hasta que surja algo por lo que preocuparse verdaderamente. Aun en el caso de que se obtenga un resultado indeseable, mantén la calma —y ayuda a tu mujer a mantener la suya— recordando que, en ocasiones, los resultados no son fiables.

39. Haz una reserva previa en el hospital.

Ésta es una de esas humildes tareas que tienen una gran importancia. Al principio del embarazo, el tocólogo os dará unos formularios para hacer la reserva. No son difíciles de rellenar. Hazlo con tu mujer; te sorprenderá ver el deleite que le produce cualquier cosa que convierta el embarazo en algo más real. A ella esta documentación le recuerda que habrá un nacimiento al final del proceso: un pensamiento que, más adelante, cuando empiece a sentir que el embarazo no se acaba nunca, le resultará tranquilizador.

SI ES INVIERNO, CÓMPRALE BULBOS DE NARCISOS BLANCOS.
Huelen de maravilla, son delicados y femeninos, y los adorará. Son tan resistentes que es casi imposible que no crezcan: plántalos en un tiesto o colócalos en un vaso de agua (queda muy bonito poner canicas de un solo color en el fondo). Compra una buena cantidad a alguna empresa de venta de bulbos por correo, y después, contempla cómo crecen y florecen una docena de ellos a la vez. Aunque, cuando llegue el momento de que florezcan, tu mujer esté demasiado congestionada para oler nada, se sentirá embriagada por tu ternura.

40. Palpa tu nueva vida sexual.
El embarazo a menudo empieza en la cama, y su impacto continúa dejándose sentir en ella, como una serie de ataques posteriores a tu vida sexual. Todo hombre siente una mezcla de emociones. Quizá te sientas vigorizado por la prueba de tu potencia y quieras demostrar tu bravura de nuevo. Tal vez te sientas más próximo a tu mujer de lo que nunca te sentiste antes y hacer el amor es (por supuesto) la expresión natural de ese sentimiento. Pero es probable que te preguntes si tu mujer tiene realmente algún apetito sexual o si sólo te está haciendo un favor.

Recuerda que ahora ella está más interesada en expresar intimidad que en mostrarse enloquecida en la cama. Así que nada de revolcones salvajes ni de moverse bruscamente de un lado a otro (aunque antes fuese esa su predilección). Por supuesto, tienes que ser consciente de sus sensibles pezones y de sus hinchados labios vaginales, pero eso no significa que no puedas explorar. Cuando les pregunté a mis amigos cuál fue su mayor problema con las relaciones sexuales durante el embarazo, la mayoría me dijeron: «Eran demasiado funcionales». Así pues, haz que sean más frívolas y divertidas.

41. No caigas en la rutina sexual durante el embarazo.

Es obvio que la variedad resulta más difícil en estas circunstancias. Probablemente tu mujer embarazada no estará interesada en hacer el amor salvajemente contigo en el probador de unos grandes almacenes o sobre el suave musgo de un pequeño claro en medio del bosque. Sencillamente no está de humor para eso, aunque ese tipo de relaciones sexuales fuesen las que alimentaban vuestra relación inicial. Necesitarás una dosis adicional de imaginación para que no sea igual cada vez.

Considera distintas maneras realistas que posibiliten la variedad. Utiliza otra habitación. Hacedlo en el sofá de la sala o en una silla. Hacedlo frente a un espejo. Hacedlo donde lo hacen en las novelas románticas: en la alfombra o al lado de la chimenea con el fuego encendido.

Recuerda que tu mujer quizá necesite que la seduzcas de nuevo. Imagina que se trata de la primera cita, te cueste lo que te cueste. Vuelve a esa época dorada en la que os desnudabais el uno al otro y tirabais la ropa por toda la habitación en vez de colgarla con esmero. Desabrocha sus pantalones y desliza tu mano en sus bragas. Desnúdala como si desenvolvieses un precioso regalo.

42. Relaciónate con tu mujer de una manera nueva y más imaginativa.

Probablemente, acariciar los pies de tu mujer a la vez que ella te acaricia los tuyos mientras estáis estirados en direcciones opuestas en el sofá durante una tarde soleada no os hubiese parecido algo especialmente íntimo a ninguno de los dos... hasta ahora. En esta fase, deslizar tus labios por la parte posterior de su cuello mientras está leyendo un libro podría resultarle más excitante que el enloquecido magreo que le parecía tan erótico y que tenía lugar entre las estanterías de la biblioteca universitaria.

43. *Miente y di que a tu mujer no le cuelga el trasero.*

Aunque mentí sobre esta cuestión durante nuestro segundo embarazo (conversación típica: «¿Me cuelga el trasero?» «No.» «¿De verdad?» «No te cuelga.» «Increíble. Lo noto como si me colgase»), nuestra entonces hija de tres años disipó toda ilusión una noche a la hora del baño. «¡Mami, tienes un culo nuevo!» Mi mujer me miró y me dijo: «¡Pero me habías dicho...!». «Está comparando tu trasero con el de Grace Jones.» «¡Mentira!» «Es verdad...» Y así sucesivamente.

Nunca cedas en esta cuestión. Quizás ella crea que quiere oír la verdad, pero no es así. (Además, volverá a ser como era antes bastante pronto.)

44. *Nunca es demasiado pronto para que tu mujer y tú establezcáis la adecuada rutina de ejercicio físico para el embarazo.*

Es necesario que utilice el sentido común: nada de fuertes ejercicios aeróbicos ni de deportes que puedan acarrear el menor riesgo de caídas. Si su médico le dice que está bien esquiar, asegúrate de que se mantiene alejada de las pendientes heladas y de los tramos difíciles.

Antes de empezar las clases para cualquier tipo de ejercicio, tu mujer debería preguntarle a su médico qué ejercicios resultan adecuados y cuáles no. Su instructor quizá tenga en reserva algunos ejercicios más apropiados para las mujeres embarazadas. Ayúdala a buscar gimnasios que muestren la sensibilidad necesaria hacia las mujeres embarazadas.

Recuérdale que sea consciente de cuándo tiene que parar. Ahora no es el momento de forzar sus límites físicos. Asegúrate de que se lleva consigo una botella de agua y recuérdale que beba antes y después de la clase.

En tu caso, ha llegado el momento de establecer una rutina. Acude al gimnasio al menos tres veces por semana. Los días que no vayas haz algo para incrementar tu ritmo cardíaco, aunque sólo sea un enérgico paseo.

9 RAZONES POR LAS QUE TU MUJER DEBE HACER EJERCICIO:

1. Es el único sistema para evitar que le cuelgue el trasero (demasiado).
2. Con las hormonas corriendo como una centella por su sangre, querrá mantener su química en equilibrio. (De otro modo…, ¡pánico matrimonial! ¡Suenan las sirenas!)
3. Las mujeres embarazadas están encantadoras en leotardos.
4. Le prometerás que harás ejercicio con ella (cosa que a ella le encantará, en especial si no hay ningún otro hombre en la clase).

5. La fortaleza mental que se requiere para resistir unos aburridos y agotadores ejercicios rutinarios ayuda a desarrollar la resistencia mental necesaria para empujar durante el parto. (Además, el parto resulta más fácil si la mujer está en forma.)

6. Perderá más rápidamente el peso que gane si mantiene su metabolismo quemando calorías a un ritmo elevado mediante un ejercicio regular.

7. El ejercicio disminuye el hambre. Quizás incluso (si tiene suerte) disminuyan sus náuseas matinales.

8. Con su nueva flexibilidad, hará unas despatarradas que te recordarán a una gimnasta rusa de dieciséis años en los Juegos Olímpicos.

9. Si no permite que sus músculos se conviertan en una masa blanda, tendrá una mejor imagen de sí misma, lo que la llevará a un mayor deseo sexual, lo que te hará sentirte más feliz, lo que conducirá a tener un niño más feliz, lo que hará que tu hijo obtenga mejores resultados y entre en Harvard y consiga un buen trabajo y te pague una jubilación anticipada.

45. Si estás mirando la balanza fijamente y no puedes creer dónde se ha parado la vara mágica, no te sientas solo.

Yo también he estado ahí…

Durante nuestro primer embarazo, me preocupé por cada patada o ausencia de movimiento, por cualquier indicación de dolor que me transmitía mi mujer y también por cualquier cosa que pudiese salir mal. Mi reacción refleja a cualquier crisis era andar con rapidez hacia la nevera, mirar fijamente la blancura brillante de su interior para hallar una respuesta, y apresar el antojo calórico más próximo que pudiese embutirme en la boca.

El voraz apetito de mi mujer me pilló totalmente desprevenido. Yendo en taxi, de camino hacia una cena, se ponía a suplicar de repente por un poco de mozzarella y jamón sobre pan de Toscana con olivas negras y mayonesa y una pizca de sal. «Sólo nos faltan diez manzanas para llegar», decía yo. «¿Y qué pasa si primero sirven un cóctel?», imploraba. «Podrían pasar treinta o cuarenta minutos. Casi una hora. Lo siento de verdad, pero…» Yo le pedía al taxista que se parase junto a una tienda de *delicatessen*, entraba corriendo, volvía a salir corriendo, y le entregaba el bocadillo. Antes de llegar al próximo semáforo ya había devorado exactamente la mitad. Entonces se desplomaba en el asiento, sintiéndose culpable, y me ofrecía débilmente el resto: «Apártalo de mi vista». Y yo lo engullía servicialmente.

El resultado fue inevitable. Durante el primer trimestre forcejeé para abrocharme los pantalones, durante el segundo fui incapaz de abotonármelos, y ya en el tercero, me faltaban cinco centímetros (o más) para poder lograrlo. Soñaba con cinturones elásticos. Cuando me fotografiaban, me succionaba las mejillas para que mi cara no pareciera tan regordeta. Mi mujer había engordado dieciocho kilos: un poco excesivo, había advertido el tocólogo, pero nada exageradamente fuera de lo común. ¿Cuánto había engordado yo? Perdí la cuenta cuando subirme a la báscula se volvió demasiado deprimente.

Seis días después del nacimiento de nuestra hija, mi mujer había perdido casi catorce kilos; yo había ganado algunos más. En la ceremonia que celebramos para darle un nombre a nuestra hija, los invitados se maravillaron al ver su elegante figura vestida con un traje azul marino que había sido desterrado de su armario durante nueve meses. Un invitado se me acercó, chocó su copa de champán con la mía y vociferó: «Por tu embarazada barriga». «Gracias por amargarme el día», murmuré. Mi ego estaba lo suficientemente herido como para hacerme la promesa de emprender «la batalla contra el bulto».

Hice carreras cortas de entrenamiento y explosivas sesiones en la sauna, subía y bajaba corriendo las escaleras. Tardé un año en recuperar mi cintura. De modo que, dos años y medio más tarde, al principio de nuestro segundo embarazo, declaré con resolución que nunca más me refugiaría en la brillante blancura de la nevera. «¡No!», decía mientras apartaba una segunda ración. «¡No!», decía ante cualquier alimento calórico.

Cuando nació nuestro hijo, todo el mundo dijo que era exactamente igual que yo. Se referían a una enjuta y excelente máquina… igual que el viejo.

46. Si te resulta difícil encontrar tiempo para hacer ejercicio, salta a la cuerda.

Resulta magnífico para tonificar los músculos, conseguir un buen estado cardiovascular y mantener la salud mental. Y lo mejor de todo es que es posible llevar a cabo un increíble ejercicio de entrenamiento en sólo unos minutos. Diviértete con diferentes variaciones: entremezcla los pies, intenta moverte como una marioneta. Cuando llegues a saltar durante veinte minutos (haciendo breves pausas), los peatones se detendrán para mirarte y se preguntarán si eres un boxeador en pleno entreno: eso te encantará.

47. Descubre la belleza en la locura hormonal de tu mujer.

No caigas en el cliché del marido que pone los ojos en blanco cuando su mujer cae profundamente en un estado de ánimo inducido por sus hormonas. En lugar de ello, mira el aspecto positivo, igual que hice yo cuando un anuncio de llamadas telefónicas de larga distancia reveló un nuevo aspecto de mi mujer. En el anuncio, una madre de mirada radiante, en una casa situada en medio de unos campos de maíz, recibe una llamada de su hija, quien, plenamente absorbida en su trayectoria profesional en el Este, halla en su naturaleza generosa un momento para descolgar el teléfono en medio de su ajetreado horario. Los ojos de la madre se inundan de lágrimas; hace un gesto para que el bueno de papá se acerque y se acurruque junto a ella. Él acude feliz y tambaleante, inclina su cabeza para apoyarla en la de su mujer y ambos nadan en orgullo parental. *Comunícate con alguien y conmuévelo.* Ciertamente, el mensaje comunicó algo y conmovió a mi mujer: todos nos vamos a morir, de modo que entierra tu angustia adolescente, olvida tu mezquindad y sé un poco generoso antes de que estén bajo tierra.

Mi mujer rompió a llorar a lágrima viva, las lágrimas le saltaban por las mejillas, se tapó la boca con la mano y su pecho se movía espasmódicamente. Tras rechazar mis esfuerzos por tranquilizarla, descolgó el teléfono y llamó a todas las personas a las que quería. (El otro mensaje: durante los auges en la tasa de natalidad, invierte en acciones telefónicas.)

Más tarde mi mujer se sintió avergonzada, pero yo me sentí como si se me hubiese ofrecido un panorama de su profunda naturaleza emocional. Nos habíamos conectado el uno al otro (y mi mujer se había conectado con todos sus seres queridos, por cortesía de la compañía telefónica).

48. Los cambios hormonales masculinos también tienen lugar (al menos en la mente).

¿Se trata de una cuestión de empatía con el equilibrio hormonal de tu mujer o es que, en realidad, tu cuerpo también cambia? ¿Quién sabe? ¿Y te importa? Pero es un hecho: los hombres también se vuelven excéntricos durante el embarazo y tienen altibajos, lapsus de memoria y cambios de humor tan repentinos que prácticamente se pueden partir el cuello intentando seguirlos. Acéptalo y adopta medidas suplementarias de seguridad al salir de casa: Coge las llaves y la cartera. Apaga la estufa, y no dejes el coche en punto muerto cuando aparques en una pendiente pronunciada.

49. Has de saber cuándo frenar suavemente el desequilibrio hormonal de tu mujer.

Una amiga mía embarazada rompió a llorar a lágrima viva en un restaurante cuando al pedir unos huevos no muy hechos le sirvieron una tortilla. En su alocado estado hormonal, esto alcanzaba las proporciones de una magna y enorme catástrofe: se puso a llorar literalmente sobre el mantel. Ultrajado, su marido se levantó y atacó el reservado de los camareros como si se tratase de una trinchera del enemigo:

—¿Acaso no ven que han causado un enorme disgusto a mi mujer? ¡Había pedido unos huevos poco hechos y le han servido otra cosa!

—Por favor, tranquilícese. Ahora mismo lo rectificaremos…

—¡Bueno, eso no basta! ¡Hagan las cosas bien hechas antes de que yo les rectifique a ustedes!

Meses más tarde, al contar el incidente, mi amiga dijo: «Mi pobre marido no sabía qué hacer cuando yo estaba en aquel estado de confusión…». En otras palabras, no te dejes arrastrar por las hormonas de tu mujer; ayúdala a ver la diferencia entre una catástrofe real y un plato de huevos.

50. Escribe notas de amor para tu mujer y espárcelas por la casa.

Piensa en tu primera novia de verdad y recordarás cómo hacerlo. O escribe una carta de amor. Si no sabes por dónde empezar, pon: *Los momentos que he adorado…* en el encabezamiento de una carta, después divaga un poco, mezcla sentimientos y erotismo, por tu mujer. Que sea jugoso. Que sea dulce. Recuerda pequeños incidentes que fueron significativos para ti: especialmente aquellos que ella reconocerá pero que quizás ya habrá olvidado.

La primera vez que escribí una de estas cartas para mi mujer embarazada, me abrazó, lloró y leyó la carta una y otra vez. He continuado escribiéndolas: no sólo por ella, sino porque me ayudan a reducir la marcha y a reflexionar sobre lo mejor de nuestra vida en común. Ahora las guarda cuidadosamente en una caja especial. En ocasiones, cuando nos desviamos del camino (¿y quién no lo hace?), leo de nuevo una de mis cartas y comprendo lo triviales que son nuestras diferencias.

51. Ten cuidado con las películas que ves con tu mujer.

Es ilógico, por supuesto, pero si te imaginas que tu hijo también está viendo la película, te resultará más fácil hacerte una idea de cómo puede reaccionar tu mujer. Nada de derramamiento de sangre o saldrá corriendo. Mejor el trasero desnudo de un bebé que gatea en la pantalla que las heridas nalgas de un comando que atraviesa las trincheras. Ponte botas de agua si la llevas a ver un dramón. Ahora es especialmente vulnerable a las películas cuyo tema principal es el de los ciclos de la vida (mi mujer perdió totalmente el control cuando el personaje que interpretaba Tom Hanks en *Big* volvió a su infancia). Hagas lo que hagas, no veas ninguna película de dibujos animados de Disney ahora: dentro de poco tiempo será imposible evitarlo. Tendrás películas de Disney en tu televisor, canciones de Disney en el equipo de música del coche, libros de Disney en tu biblioteca, muñecos de plástico de Disney en tu bañera, entre las ropas de tu cama, en tu maletín, y tu hijo llevará dibujos de Disney estampados en su ropa interior, sus calcetines, sus camisetas y sus pantalones.

52. Llora con tu mujer durante las películas, los anuncios de artículos para bebés y al mirar las fotos de cuando ambos erais muy pequeños (las cuales habían estado escondidas hasta ahora en una caja de zapatos).

A las mujeres les encanta ver a un hombre que les demuestra un poco sus sentimientos. Aún más, es una buena práctica para la sala de partos, cuando quizá tu mujer llegue a cuestionarte por qué no se te escapa una lágrima cuando el médico te pone el pequeño fardo en tus brazos. No hay nada que le disguste más a una mujer que un hombre que reprime sus emociones. No te rías si realmente quieres llorar. No sonrías con falso optimismo cuando te sientas consumido por una preocupación. Ella verá a través de la máscara.

53. Si vuestras relaciones sexuales son menos frecuentes, piensa en más masajes.

Tiene muchas cosas en la cabeza, su cuerpo ya ha experimentado enormes cambios y está empezando a llevar la carga.

Por la noche hazle un masaje en el cuello, los hombros, los brazos, la zona lumbar, las caderas, los muslos y las pantorrillas. Después, antes de que caiga en un placentero sueño, pídele que te haga un masaje en los hombros y el cuero cabelludo, o si te sientes privado de sexo, en tu desatendido órgano. Pero no des siempre por sentado que estas sesiones de masaje son un juego preliminar. A veces lo son, otras no, y eso está bien.

NUNCA DIGAS: «ESTOY DEMASIADO CANSADO PARA HACERTE UN MASAJE». NO LO OLVIDARÁ.

---

54. Compra peladillas rosas y azules: es una tradición italiana que trae buena suerte.

Envuélvelas en una bolsa con un lazo y añade una nota para tu mujer con la fecha en la que las compraste y tus pensamientos sobre el bebé. Resérvalas para la sala posparto. Tu mujer adorará tu romanticismo. (Si hay algo que ambos necesitáis en el embarazo, son este tipo de gestos.)

55. Recuerda que un mal comienzo no significa que vayas a ser un mal padre.

Si sientes que has fallado hasta ahora en el embarazo, no creas que has sellado tu destino para el resto de tus días. Hay un tipo de padre concreto —al que llamaremos «me lo creeré cuando lo vea»— que es incapaz de imaginarse a un bebé hasta que su propio hijo da un pequeño grito en la sala de partos. La paternidad —como el matrimonio— consiste en las segundas (y terceras, cuartas, quintas...) oportunidades. No existe nada parecido al padre perfecto. Así pues, relájate si te has equivocado o has dicho todas las cosas incorrectas al principio; después, da el primer paso en la dirección adecuada, y luego el siguiente y el siguiente.

2
El segundo trimestre

56. Prepárate para el momento más salvaje, erótico e intenso que tu mujer y tú habéis tenido desde que empezó el embarazo.

Bueno, quizá. Si eres afortunado, probablemente te sientas como un sultán con un harén de una sola mujer. Las náuseas matinales tal vez hayan desaparecido tan de repente como aparecieron. Ahora sus genitales y sus pechos están abultados y quizá sea capaz de tener un orgasmo mientras anda por la calle. No es de extrañar que tu mujer se pare de vez en cuando durante sus vigorosos paseos y se agarre a una baranda, cierre los ojos, recupere la compostura y avance para hacer otro kilómetro orgásmico. (Sólo era una broma…) Pero sencillamente el hecho de cruzar la habitación puede despertar un apetito sexual parecido e insaciable. Tras sus orgasmos, quizá sientas que deberías volver a ponerle la cabeza en su sitio; sus sueños y los tuyos probablemente os hagan ruborizar mientras dormís… ¡y tal vez a ella aún no se le note demasiado! Todo ello puede llevarte a fijar la vista en el techo de la habitación y preguntarte: «¿Es esto el cielo?».

No, esto es el segundo trimestre del embarazo. Y eso significa que todavía te esperan algunos tropezones en el viaje. Cosas que te desembriagan de tus ataques de delirio sexual. Como siempre, mira hacia delante, mete la barriga para dentro, pon un pie delante del otro, diviértete cuando es divertido, y deténte de vez en cuando para hacer las preguntas adecuadas. Lo harás bien.

57. Reduce la velocidad tras el volante.

¿Realmente necesitas ir a ciento treinta kilómetros por hora? Recuerda que prometiste que estarías aquí para tu mujer y tu hijo.

He oído hablar de futuros padres que se vendieron la moto o abandonaron la práctica de saltar desde puentes o volar con ala delta. Todos sintieron una especie de ambivalencia al renunciar a esos retos personales. ¿La solución? Encuentra otras actividades semejantes y menos arriesgadas que puedan incluir a tu familia: cómprate un vehículo todo terreno, una tienda de campaña para cuatro personas (con una mosquitera adicional) y tal vez una canoa. No excluyas la aventura de tu vida; sencillamente, incorpora nuevas formas de ella a tu nueva vida.

Es un equilibrio difícil de encontrar: cómo ser un responsable padre de familia sin sacrificar tu identidad masculina. Habla con tu mujer de las cosas que planeas abandonar (a fin de conseguir el merecido reconocimiento) y explícale a cuáles no vas a renunciar (a fin de mantener tu sentido de identidad). De acuerdo, la cara norte del Everest quizá tenga que esperar. Se trata de evolucionar en lugar de simplemente eliminar. Te haces una idea, ¿no?

58. No ridiculices los antojos de comida de tu mujer.

Sus aparentemente misteriosas fantasías sobre la comida son como picaduras de insecto entre sus omóplatos: ráscaselas. Estos antojos podrían ser el medio que el niño tiene para decir: «Control de tierra a Madre. ¿Puedes oírme, Madre? Ade-

lante, adelante. Si me oyes, ingiere comidas saladas en gran cantidad. ¿Puedes oírme? Comidas saladas, en gran cantidad». ¿Quién sabe? Los antojos hacen que se sienta como si tuviese el embarazo de cuento de hadas que visualizaba en la casita del árbol junto con sus amigas de doce años. Hay algo reconfortante en saber que el cuerpo de tu mujer parece haber encendido el piloto automático. ¿Cuándo fue la última vez que confiaste en la naturaleza?

59. *Has de saber que tu mujer quizá se sienta decepcionada si no se le nota pronto.*

Puede que no parezca real hasta que la gente sepa que está embarazada. Ella espera con ilusión el día en que su vientre se convierta en un anuncio andante de su contenido. Por el momento se imagina que, en las fiestas, los conocidos comentan si ha engordado un poco o si carga con ella un secreto. En su estado de confusión emocional admitirá el sentimiento paranoide de que todos se lo están preguntando; de ti depende decirle: «No importa lo que piensen».

12 ÚLTIMOS VÍTORES POR TI Y TU MUJER:

1. Dormid hasta tarde, tarde, tarde. Despertad y volved a dormir. (Repetir tantas veces como se desee.)
2. Permaneced tumbados todo el domingo. Pedid la comida. No salgáis en ningún momento de la cama.

3. Mirad vuestras películas favoritas sin interrupción.

4. Dormid desnudos. Cuando te levantes, ve desnudo a la cocina, prepara un café descafeinado para los dos, vuelve a la cama desnudo, siéntate desnudo encima de la ropa de cama, y lentamente —muy lentamente—, sorbe tu café.

5. Di tacos y palabrotas, habla obscenamente.

6. Haced el amor con fuertes gemidos sin cerrar la puerta. En el suelo. En el baño.

7. Di: «Vayamos al cine», y salid por la puerta sin más preámbulos.

8. Coge tu cepillo de dientes y el de tu mujer, pon el coche en marcha, conduce en cualquier dirección y párate en una pintoresca posada que no permita la entrada a niños menores de catorce años.

9. Leed una novela —una frase tras otra y pasando las páginas sin demasiada prisa— hasta dejar que el libro caiga en vuestro regazo y os adormezcáis plácidamente.

10. Haced la compra sin tener que pensar en pañales, toallitas higiénicas ni comida para bebés.

11. Pasad por delante de un restaurante de comida rápida sin parar para comprar el menú infantil con el susodicho regalo.
12. Haced un viaje al extranjero. Los dos solos.

---

60. Anota los detalles o los olvidarás.

¿No te sorprende cómo solías acordarte de devolver las llamadas? En la mitad del embarazo, estás expuesto a olvidarte de tu número de la Seguridad Social, tu número secreto de la tarjeta de crédito, o aún más importante, el cumpleaños de tu madre. Coloca blocs de notas junto a todos los teléfonos y lleva un pequeño cuaderno en el bolsillo de tu chaqueta.

61. Si te has atrasado con el papeleo de la compañía de seguros, ponte al día.

Si todavía no te has comprado un archivador de fuelle, hazlo ahora y organízate. No te pares y no delegues esta tarea en tu mujer a menos que realmente quiera hacerse cargo de ella.

RECUÉRDALE A TU MUJER QUE TE DIGA CUÁNDO SE SIENTE BIEN Y NO SÓLO CUÁNDO SE SIENTE MAL.

62. Sé resuelto.

Aunque tu mujer disfrutase tomando decisiones, quizás ahora se sienta agobiada y quiera que las tomes tú. Probablemente también espere que muestres seguridad, un comportamiento que quizás asocie a los padres. Intenta no ser vago.

63. Estáte alerta en los momentos con mayor riesgo de aborto.

Durante el período comprendido entre la séptima y la onceava o doceava semana, intenta que tu mujer reduzca al mínimo las actividades generadoras de estrés. Mantén su tensión física y emocional bajo control tanto como sea posible. (Pero no le comentes a ella nada de todo esto.)

64. No titubees cuando tu mujer te diga que os ha apuntado a los dos a las clases de preparación para el parto.

Señala las clases en tu calendario e intenta no perderte ninguna. Te ayudarán a comprender tu papel durante el parto. (Además, cuando hay que hacer una cesárea, algunos hospitales no admiten a los padres en el quirófano si no han hecho estas clases.)

65. Sigue guardando vasos de papel en el coche en todo momento.

La respuesta refleja de tu mujer a un paseo en coche será: «Para un momento; tengo que hacer pipí». ¿Acaso se trata del zangoloteo del coche por la carretera? ¿Quizás es porque se siente encerrada? ¿O es que su cuerpo se asegura de que haya una buena circulación en bien del niño? Por desgracia, los lavabos a lo largo de las carreteras son como las cabinas de teléfono en la ciudad de Nueva York: hay pocos, están alejados entre sí y la mayoría se encuentran en malas condiciones.

Cuando tu mujer embarazada tenga que hacer pipí, ¡siempre será *ahora*! (No al cabo de nueve kilómetros.) Hazte a un lado de la carretera y ella se acuclillará felizmente delante del asiento para hacer un pipí en el vaso.

---

6 REGLAS PARA VIAJAR EN COCHE:

1. Haz una parada cada dos horas a fin de que pueda estirarse, andar y mantener una buena circulación.
2. Nunca dejes que el depósito de gasolina baje de la mitad: quizá no encuentres una gasolinera más adelante.
3. Llevad vuestra propia comida para que ninguno de los dos tenga que recurrir a la comida rápida.
4. Sed flexibles. Ahora no es el momento de seguir un horario estricto.
5. Llevad siempre con vosotros un mapa, pero no dependas de tu mujer para guiarte (especialmente si todavía padece náuseas matinales y no puede leer sin marearse).
6. Déjala que dormite, pero si empiezas a adormecerte tú, sal de la carretera.

---

66. Si viajáis en avión, llama al aeropuerto antes de salir de casa para asegurarte de las condiciones meteorológicas y de los retrasos.

Por supuesto, si el médico os da luz verde, el segundo trimestre es el momento más óptimo del embarazo para viajar en avión, pero siempre que no se trate de un vuelo accidentado. Si el Servicio Nacional de Meteorología predice que el tiempo será tormentoso, no vayáis. Repito: ¡No vayáis! Llama a la compañía aérea y retrasa vuestra salida hasta que las condiciones meteorológicas sean más idóneas. No te dejes persuadir por el optimismo exagerado de los empleados de la compañía aérea, cuyo principal objetivo es el de mantener las reservas de los vuelos.

Durante el segundo trimestre del embarazo de mi mujer, soportamos un vuelo de Miami a Nueva York durante una tormenta con rayos y truenos y fuertes vientos. El avión vibró, brincó, se inclinó y subió y bajó con rápidas sacudidas durante casi cuatro horas. Mi instinto de protección se disparó como un proyectil; si por razones de seguridad hubiese podido poner a mi mujer en un paracaídas lo hubiera hecho. Sujeté su barriga, me puse a hablarle de nuestro futuro hijo, recé, di un puñetazo al botón para llamar a la azafata e intenté transmitirle al capitán el mensaje de que, sencillamente, tenía que aterrizar en el aeropuerto más cercano o esquivar la tormenta elevándose por encima de las nubes *inmediatamente*... ¿Acaso no podía ver todo el mundo que mi mujer estaba embarazada? De hecho, los volví a todos locos. Cuando bajamos del avión, mi mujer me dio las gracias por mi aparentemente ilimitada preocupación, pero también me dijo que esperaba que no tuviésemos que soportar un vuelo tan espantoso nunca más.

No permitas que te pase a ti.

67. Haz testamento.

Hablo en serio. Continúa leyendo: es importante. Aunque ya tengas un testamento hecho, quizá no cubra totalmente a tu futuro hijo. Si os pasase algo a tu mujer y a ti, y no dejaseis herederos, los tribunales se ocuparían de vuestros bienes y de la custodia de vuestro hijo. ¡Si este pensamiento no te motiva, nada lo hará!

Completa tu testamento ahora, cuando todavía estás a tiempo de hacer cambios. Tendrás que enfrentarte a una de las tareas más angustiosas de la paternidad: la elección de posibles tutores.

Mi mujer y yo nos volvimos locos con esta cuestión. ¿Quién podría querer a nuestro hijo como lo queríamos nosotros? Nuestros padres eran demasiado mayores y ninguno de nuestros hermanos tenía hijos. Todos vivían lejos. Consideramos la idea de optar por los amigos, pero cuando pensábamos en ello sentíamos tal ansiedad que nos pasábamos la noche con la vista fija en el techo hasta que, finalmente, llegamos a la decisión adecuada: un pariente.

Se trata de una terrible responsabilidad. No permitas que las personas que escojas para hacerse cargo de la custodia de tu hijo tomen su decisión a la ligera. Si tuviese lugar una tragedia, su vida cambiaría de forma irreversible. Conozco a un matrimonio que, durante una comida dominical, accedió a hacerse cargo de la custodia de los hijos de unos amigos. No imaginaron que iban a heredar a dos adolescentes; pero, tras dos tragedias que tuvieron lugar por separado, lo hicieron. Mi amiga lamentaba que su «núcleo» familiar no volvería a ser nunca el mismo. Justo cuando sus propios hijos abandonaban el hogar para ir a la universidad, ella y su marido tenían que criar a otros dos adolescentes.

No desatiendas esta cuestión; debes ocuparte de ella ahora.

68. Antes de que a tu mujer se le empiece a notar el embarazo, quizá tengas que decirle a un hermano o hermana mayor de vuestro futuro hijo que un encantador extraño se instalará en vuestra casa, recibirá la máxima atención por parte de todas las criaturas vivientes durante unos cuantos años, destruirá las horas de sueño de la familia, arrojará la comida al azar sobre cualquier objeto y babeará sobre todos los hombros que estén cerca.

¿Le va a molestar? Por supuesto. Un día, nuestra entonces hija de tres años corría por el vestíbulo, y de repente, redujo la marcha y empezó a andar de puntillas con mucho cuidado y con los ojos abiertos como platos. «¿Qué te pasa?», le pregunté. «No puedo correr tan rápido. Tengo un conejo en mi barriga.» Una respuesta encantadora, pero también un grito de ayuda: *¿Qué es lo que está pasando exactamente en la barriga de mami?* Me acerqué a ella, la abracé y le pregunté qué pensaba del embarazo. Soltó abruptamente: «Cuando nazca el bebé, ¿me dejaréis?». Le dije lo que todos los padres tienen que decir: «Hay amor más que suficiente para ti y para el nuevo bebé». Estáte preparado para asegurar al hermano o hermana mayor de vuestro futuro hijo que, pese a los cambios que puedan darse en vuestra familia, siempre habrá suficiente amor para repartir.

69. No esperes que tu hijo o hija mayor le dé la bienvenida al bebé.

Dos semanas después del nacimiento de su segundo hijo, mi amigo R. W. dijo: «Mi hijo es un poco lento para aceptar la idea de tener una hermana pequeña». De acuerdo. Siempre es así. Cuando nuestra hija tenía siete años y medio, y su hermano tenía tres, se despertó mascullando irritada: «*¿Por qué le dais uno? ¿Por qué le dais uno? ¿Por qué?*». «¿Un qué?», le pregunté cuando abrió los ojos. «Uno más. ¡A él le dabais uno y a mí no!»

70. *Adáptate a la cambiante imagen de tu mujer.*

Ves cambios por todas partes: desde su cabello (más espeso y más grueso, menos brillante) a su rostro (más redondo), sus labios (más hinchados), su trasero (más grande), sus genitales (más hinchados y oscuros), etcétera. Cada vez que ella se ve reflejada en el espejo es consciente de todos y cada uno de estos cambios físicos —son los más profundos que ha experimentado desde la adolescencia—, pero se siente insegura y no puede convencerse plenamente de que vayan a ser temporales. ¿Perderá el peso que ha ganado? ¿Volverán sus pechos a tener la apariencia que tenían antes? ¿Se le quedará el trasero caído para siempre? ¿Acaso las estrías arruinarán el aspecto de su barriga? ¿Advertirás tú todas esas cosas y no se lo dirás nunca? ¿Será capaz algún día de volver a confiar en tus cumplidos? Estas son las preguntas vanidosas que perturban a tu mujer en medio de la noche o cuando se viste y se maquilla.

Hazle cumplidos a menudo, pero que sean reales. Por lo general, una mujer sabe cuándo está atractiva y cuándo no lo está. El problema reside en que algunas mujeres embarazadas creen que nunca están atractivas. No permitas que tu mujer piense que esto es verdad.

Cuando empiece a perder su cintura y sin embargo su embarazo no sea todavía evidente, la imagen que tiene de sí misma quizá comience a derrumbarse. Ya no es una diosa del sexo, pero por otra parte tampoco parece una madre tierra. Puedes decirle cuán atractiva está hasta que el rostro se te ponga morado, pero probablemente no te creerá. Haz que se sienta sexy apareciendo por detrás de ella y besándole la nuca o haciendo cualquier otra pequeña cosa que la excitase cuando la cortejabas.

71. Ayuda a tu mujer a hacer frente a sus recién desarrollados pechos.

Un día estará de pie frente al espejo con la mirada fija en sus pechos, los palpará, los sujetará con las manos y comprobará su peso. «¿Qué te parece?», te preguntará. La única respuesta sensata es: «¿Qué te parece a ti?». Si ella siempre deseó tener más pecho, probablemente querrá saltar de alegría y dar gracias al cielo por satisfacer su sueño más fantástico. Lamentablemente (si ésta era su fantasía), se trata de algo temporal, y ésta es la razón por la que nunca debes decir que realmente te excitan. ¿Qué te parecería a ti que tu pene creciese temporalmente unos cinco centímetros y tu mujer te dijese que le gustaba más así? ¿Acaso no resultaría preferible que te dijese: «Esto resulta interesante, pero me siento más feliz cuando tiene su tamaño habitual»? Por supuesto, si está encantada con sus nuevos pechos, complácela: cómprale una camiseta ceñida para que pueda lucir su figura.

Sin embargo, si siempre ha estado cohibida porque sus pechos eran demasiado grandes —le resultaban odiosos cuando hacia deporte, temía atraer a los hombres por todas las razones equivocadas, se preocupaba porque de algún modo pudieran ser insanos—, quizás ahora se sienta todavía más afectada e incluso deprimida.

10 PREGUNTAS QUE HARÁN LAS MUJERES EMBARAZADAS Y LAS RESPUESTAS QUE QUIEREN OÍR:

1. ¿Tengo el trasero caído? («No.»)
2. ¿Todavía resulto sexy? («Sí.»)
3. ¿Me encuentras tan atractiva como a nuestra instructora de las clases de preparación para el parto, quien, según todos, se parece a Sharon Stone? («Todavía más atractiva.»)
4. ¿Nuestras relaciones sexuales son ahora tan fantásticas como lo han sido siempre? («Sí.»)
5. ¿Nuestras relaciones sexuales son ahora más fantásticas de lo que han sido siempre? («Sí.»)
6. ¿Te molesta pensar que compartirás mis pechos con el bebé? («No.»)
7. ¿Te preocupa que mi vagina se quede más dilatada después del parto? («¿A quién, a mí?»)
8. ¿Te recuerdo a otras madres? («¡Claro que no!»)

9. ¿Te preocupa que mis pechos se queden fláccidos después del nacimiento de nuestro hijo? («¿A quién, a mí?»)

10. ¿Te molesta que yo reciba toda la atención y que tú no recibas ninguna? («¡Por supuesto que no!»)

---

72. Cuando a tu mujer se le empiece a notar el embarazo, ayúdala a reorganizar su armario. Haz que se deshaga de toda la ropa ajustada que sólo le causará disgusto.

Si eres de ese tipo de individuos que no tiene ni la menor idea de lo que hay en el armario de su mujer, la impresionarás con el interés que muestras por el tema. Dile que guarde en otro sitio los tejanos ceñidos, las chaquetas, las blusas y los jerseys ajustados, los cinturones y los sujetadores. Fuera de la vista, fuera de la mente. Cuando, tras el nacimiento de vuestro hijo, estas ropas aparezcan de nuevo en el armario, serán como viejas amigas.

Ahora ha llegado el momento de volver a llenar su armario. Coge algunas de tus camisas holgadas, camisetas amplias y jerseys anchos y déjaselos para que los lleve durante el embarazo. (Yo volví a enamorarme por completo de mi mujer cuando se puso mi vieja camiseta de los Chicago Cubs y se calzó mi gorra de béisbol con la visera hacia atrás.)

Si eres capaz de hacerlo sin perder la paciencia, sal de compras con ella. Conviértelo en algo romántico. Haced un descanso para comer algo en un bar y dile lo atractiva que está.

La pieza principal de su vestuario serán las mallas. Se dan de sí en la cintura, las hay en unos tonos fantásticos y quedan perfectamente con camisas y chaquetas deportivas holgadas o con jerseys anchos. Mi sugerencia es apartarse todo lo posible de la ropa pre-mamá (los diseñadores tienen tendencia a vestir a las mujeres como si fuesen bebés de seis meses). Pero no le mientas sobre lo que le queda bien y lo que le queda mal. ¡Una camiseta metida por dentro de unas mallas hará que parezca un globo!

73. Léele.
Si nunca antes has leído ningún libro de poesía, no le leas a Yeats (o creerá que te has vuelto loco). ¿Qué tal un pasaje de su novela favorita? A algunas mujeres les encanta que les lean… y tal vez eso conduzca a otros actos amorosos.

74. Quizá no te des cuenta, pero tu mujer les está diciendo a sus amigas: «Estoy más caliente que el infierno. ¡Quiero decir que soy una mujer en celo!».
Muchas de mis amigas repitieron exactamente estas palabras al describir su apetito sexual durante el segundo trimestre del embarazo. Casi siempre añadieron: «Y lo más triste es que mi marido no tenía ni la más remota idea. Sobra decir que no sacó el menor provecho de ello». De ahí se deducía lo siguiente: «Triste para él y aún más para mí».

No seas tan tonto como para encasillar a tu mujer en el papel de Santa del Sagrado Embarazo. Cuando entre en la habitación con las mejillas ruborizadas y te mire con esa mirada encendida y llena de significado, deja todo lo que estés haciendo y no permitas que el momento se desvanezca.

75. Prepara el ambiente para unas buenas relaciones sexuales.

Crea un tiempo y un espacio lejos de la rutina diaria y de las preocupaciones del embarazo: enciende una vela y desconecta el teléfono. Si menciona a su madre o a su tocólogo, recuérdale en tono jocoso que algunos nombres están prohibidos en el dormitorio. (Y viceversa, no le hables de tu carrera profesional ni de los problemas de la oficina: es una de las mejores maneras de conseguir que a tu mujer se le baje la libido.) Permanece en el momento, concéntrate y aparta de la cama todos los libros sobre el embarazo.

Recuerda que tal vez sus pechos estén más sensibles; quizá no apreciará tu anterior costumbre de tocarlos con gran entusiasmo. Adáptate. Nada de morderlos. Acarícialos ligeramente.

¡Abandona la postura del misionero! No puede estar estirada sobre la espalda (el bebé hace presión sobre una arteria principal), y en esa posición no es posible una penetración plena. Descubre cuál es la mejor postura para ambos. Quizá quieras situarte detrás de ella, pero muévete con cuidado hasta que sepas cuán profundo es demasiado profundo. La posición de las *cucharillas* también resulta altamente recomendable, ambos estirados de lado y tú detrás de ella.

No tengas miedo de experimentar. Intenta sentarte en una silla (resistente) y que tu mujer se siente encima de ti. Una comadrona recomendó una pelota gigante, de las que se hinchan, para que la mujer pudiese sentirse más cómoda en una variedad de posturas (yo pensé: *Dame un respiro*; pero, bueno, cualquier cosa que os excite es válida).

76. No te sientas marginado cuando el proyector de luz se desplace (dramáticamente) para iluminar a tu mujer.

Esto es lo que experimentarás: entraréis en una fiesta; vuestros bienintencionados amigos correrán en estampida hacia tu mujer embarazada y después oirás el alborotado coro: «¡Estás maravillosa!». Te gustaría sentirte como un coprotagonista, y no como un actor secundario. Pero recuerda que tu mujer sabe cuán vital es tu papel en lo que ambos estáis haciendo juntos, y eso es lo que cuenta.

77. Alimenta tu propio instinto protector mientras tu mujer está embarazada.

No acabes sintiéndote celoso porque es ella quien lleva al bebé. Por supuesto, para una mujer resulta una interrupción de su vida normal que dura nueve meses, un paseo por el lado salvaje, ir al compás de la naturaleza. También es un viaje hacia la extraordinaria experiencia de llevar otra vida en su interior. Además, la tribu de las mujeres embarazadas es inclusiva, acogedora y educativa. Perfectas extrañas que ofrecen su ayuda, su guía y su aliento: una mujer embarazada es un miembro apreciado de la sociedad.

Pero si tú ya tienes más de treinta y cinco años, lo más probable es que tu vida se haya convertido en algo aburridamente previsible. ¿Qué puedes hacer para tener una extraordinaria experiencia personal?

Mientras tu mujer demuestra lo que ella es capaz de hacer, desafíate a ti mismo para desarrollarte tú también. Sorpréndete a ti mismo. Emprende un proyecto que te permita ver los resultados al cabo de nueve meses. Éste sería el momento más adecuado para construir la cabaña en el bosque que siempre soñaste tener. O para martillear algunas tonadas de rock con tus amigos en un garaje.

Construye un bote de remos. Pinta. Planta un jardín. Estudia italiano. Ve a clases de cocina tailandesa. Aprende a soplar vidrio. ¿No tienes ningún proyecto en mente? Hojea el catálogo de los cursos que ofrece alguna escuela nocturna. ¡Sueña! Sea cual sea el proyecto, planifícalo con el fin de lograr verdaderos progresos en un período de nueve meses.

10 COSAS QUE LA MUJER EMBARAZADA PIENSA QUE SU MARIDO NO ENTIENDE:

1. Cuán gorda llega a sentirse.
2. Cuán cansada llega a sentirse.
3. Cuánto echa de menos ser tratada como un objeto sexual.
4. Cuán hambrienta está, cuán rápidamente ataca el hambre, cuán de repente se marcha y cuán culpable se siente ella después.
5. Cuánto pánico le produce la amenazadora perspectiva del parto.
6. Cuán constante es su preocupación respecto a cada patada, pinchazo o falta de movimiento en su útero.
7. Qué se siente al perder —aunque sólo sea temporalmente— la figura.

8. De qué forma cambia el embarazo la relación que tiene con su madre.
9. Cuán difícil resulta abandonar la cafeína, el alcohol, el tabaco…
10. Cuánta envidia siente cuando ve a una mujer sexy que viste un ceñido conjunto pegado a la piel.

---

78. Llévala a nadar.

No en las turbulentas olas del océano, sino en una piscina o en algún lugar de aguas tranquilas. Al bebé le encantará. Tu mujer hará ejercicio. Dile lo fantástica que está en bañador. Hazle una foto.

79. La amniocentesis da miedo. No hay excusa para que no estés al lado de tu mujer (a menos que ella prefiera estar sola o con una amiga).

La amniocentesis es una prueba en la que se inserta en el útero una aguja extraordinariamente larga a fin de recoger una muestra de fluido amniótico para recabar información genética. Oh, *maravilloso*. Las distintas perspectivas que ofrece resultan extremadamente terroríficas: quizá la aguja le provoque un aborto; tal vez te desmayes al ver la aguja; probablemente, si la aguja le produce un intenso dolor, te sentirás impotente. Oh, sí, además la prueba puede revelar un defecto genético. No se trata de un plato muy apetitoso. Por supuesto, si ella es joven y está sana, quizá no sea necesario hacerle la prueba, pero en caso de que sea preciso hacérsela, bueno, permíteme que te explique mi historia.

Nunca antes había oído hablar de la amniocentesis. Mi mujer lo mencionó de pasada. «¿Qué es lo que te van a hacer?», le pregunté. «¿Te clavan una aguja en el útero? ¿Cerca del bebé?» Como dicen los taxistas de Nueva York: ¡Olvídate de eso! Entonces todavía no lo sabía, pero la amniocentesis había disparado mi instinto protector. «El médico te lo explicará», dijo mi mujer. Perfecto, pensé yo: su encantador, elegante y sabio mentor le explicará otra cosa más a su inepto, preocupado y circunspecto —frente al médico— marido.

Cuando el tocólogo me lo explicó, de forma vívida y minuciosa, me sentí: (a) vulnerable (frente a los caprichos de la naturaleza y de la ciencia), (b) decididamente nada heroico (¿quién era yo para ofrecer mi apoyo a nadie si el labio que temblaba era el mío?), (c) asustado (por todo lo que no fuese un buen resultado) y (d) desconfiado (de los médicos). Es innecesario decir que todas estas emociones eran demasiadas para ser experimentadas a la vez, y el medio que encontró mi cuerpo para enfrentarse a ellas fue el de mostrar síntomas de desmayo. Genial, pensé, precisamente el ingrediente que necesito añadir a mi estofado interior.

«Caray…», dije intentando llenarme los pulmones de aire. «Creo que tengo que salir afuera.» ¿Fue mi imaginación o el sabelotodo y encantador doctor sonrió presuntuosamente?

En la sala de espera, la mirada de media docena de mujeres embarazadas se clavó sobre mí. «Los hombres son tan cobardes», leí en sus ojos.

Respiré hondo, enderecé los hombros y volví a entrar valientemente en la consulta del médico. Mi mujer me puso la mano en el hombro e inclinó la cabeza. «No te preocupes.» ¡Yo no quería que se compadeciese de mí! Lo que quería era ayudarla a través del inquietante viaje del embarazo, quería ser San Jorge, extinguir el llameante aliento del dragón como si aplastase un cigarrillo contra la acera; en lugar de ello, tuve que acompañarla sumisamente.

El día de la prueba me pareció insoportable sentarme allí, en la sala de espera, y sencillamente ver cómo mi mujer acababa con un litro de agua mineral.

Entonces, todo empezó a volverse borroso: el gel que extendían sobre el vientre de mi mujer para realizar la ecografía, la llegada de la aguja (yo esperaba verla llegar en un lanzacohetes), después una mueca de sobresalto en el rostro de mi mujer y su mano que apretó la mía. ¿Me iba a desmayar? Hundiéndome en la negación más absoluta, empecé a dirigir una película de acción en mi mente. Me vi a mí mismo dándole un golpe de karate a la mano del médico y haciendo caer la aguja. (¡chaaack!), cogiendo a mi mujer en brazos (¡hiii-yaaa!), haciéndole la zancadilla al enfermero que había corrido para traer la aguja (¡fuuk!), arreando latigazos hacia delante y hacia atrás con las piernas de mi mujer a fin de mantener a las enfermeras a distancia (como Dustin Hoffman con la cruz en la penúltima escena de *El Graduado*), bloqueando la puerta con la aguja (de nuevo, *El Graduado*), corriendo a través de los deslucidos pasillos, saliendo por la puerta de entrada, subiendo al autobús y embistiendo por el pasillo central hasta alcanzar los asientos traseros, los dos sonriendo jadeantes, yo como Dustin Hoffman y mi mujer como Katharine Ross. *¿A qué diablos viene todo esto?*, me pregunté.

Para entonces, el médico nos estaba ofreciendo palabras de ánimo a la vez que comentaba la transparencia del líquido amniótico. Di las gracias al médico y al resto del equipo, besé a mi mujer, la cogí de la mano y le dije: «Larguémonos de aquí».

Dos semanas más tarde recibimos la buena noticia de que nuestro bebé estaba bien.

De acuerdo, reaccioné de manera exagerada la primera vez. ¿Mi consejo tras haber pasado dos veces por lo mismo? Dale la mano a tu mujer, pero no se te ocurra nunca mirar cómo la larga aguja se sumerge en su barriga. (Es mejor dejar algunas cosas fuera del banco de la memoria.) Mi mujer prefirió que le suministrasen una pequeña dosis de anestesia local antes de que le clavaran la aguja; eso disminuyó el dolor. Cuando todo haya acabado, abrázala y llévala a casa. Tómate la tarde libre. Quizá se sienta emocionalmente agotada. Y es probable que tú también. Necesitará tu hombro. (Tal vez tú necesites el suyo, pero éste no es el momento adecuado.)

80. Siéntate en una silla apropiada para la amniocentesis.

Nunca te sientes en uno de esos taburetes de trabajo que a veces ofrecen los del laboratorio. Van sobre ruedas giratorias, tienen un asiento diminuto, sin respaldo ni brazos, y son muy altos. En otras palabras, resulta una silla abominable para desmayarse. Tómate un momento para traerte la silla adecuada de alguna sala contigua: una silla que te recoja antes de que golpees el suelo.

81. Practica cómo evitar el desmayo.

Respira profundamente, siéntate con la cabeza entre las piernas. Ten buenos pensamientos. Personalmente, mi preferido es visualizar la dramática carrera hacia la base de Kirk Gibson, jugador de los Dodgers, en los Campeonatos Mundiales de 1988. Rebosaba valor, fe, determinación y coraje: exactamente las cualidades que necesitarás para evitar el desmayo.

TU REACCIÓN FRENTE A LA AMNIOCENTESIS NO TIENE NADA QUE VER CON LA QUE TENDRÁS FRENTE AL PARTO. *La amniocentesis te enfrenta a tu mayor miedo —el bebé no está bien— y el resultado final todavía te deja en suspenso (es una prueba científica, y a menos que seas un científico, no te crees verdaderamente que los datos científicos sean concluyentes). Aunque la amniocentesis sea una prueba dura para ti, no te preocupes diciéndote que quedarás fuera de juego (o fuera de la sala de partos) durante el nacimiento de tu hijo.*

82. ¡Alerta con el vino!

Muchos médicos sugieren que la mujer se tome una copa de vino después de la amniocentesis (a fin de relajar los músculos uterinos), lo que brinda una excelente excusa para acabar con el resto de la botella tras esa primera copa. (¿Recuerdas alguna ocasión en la que hayas necesitado tanto una copa?) Compra un vino excelente —quizá de una categoría superior a la habitual—, sírvete una generosa copa, brinda por tu mujer y tu hijo y disfruta del sabor...

83. Intenta no tener preferencias por un niño o una niña.

De acuerdo, te dices que todo el mundo tiene una preferencia, que los hombres desean secretamente tener hijos varones y las mujeres prefieren tener niñas. Tienes una visión ligeramente difuminada y a cámara lenta en la que te ves tirándole la pelota a tu hijo en el jardín mientras suena un difuso acompañamiento de órgano («Take Me Out to the Ball Game»), pero las niñas también juegan al béisbol. Tu mujer sueña con jugar con la casa de muñecas tirolesa que ha guardado desde que era una mocosa, pero los niños también juegan a eso.

Sí, está la cuestión de perpetuar tu apellido; sin embargo, tu hija quizá se convierta en una de esas mujeres que utilizan el apellido de su marido separado con un guión del suyo, o aún mejor, decide que el suyo (el tuyo) es demasiado glorioso como para sustituirlo por el banal apellido de su marido (admítelo, ya estás pensando así). ¿Qué más? ¿El negocio familiar? Yo me guío por Christy Heffner; si ella fue capaz de hacerse cargo de las atractivas páginas de Playboy, tu hija puede encargarse de tu fábrica de conserva de sardinas.

En nuestro primer embarazo no llegué a estar seguro de que realmente prefiriese un hijo, o si lo creí, sólo fue porque mi mujer no dejó de repetirme durante nueve meses que el bebé que llevaba en su vientre era mi encarnación, que iría en patines de ruedas con una vieja camiseta, un par de tejanos rotos y una desvaída gorra de los Chicago Cubs. Docenas de encogidas abuelas habían confirmado este pronóstico durante todo el embarazo (en restaurantes, reuniones familiares, comidas campestres..., en todas partes). De todos modos, me enamoré total y completamente de nuestra hija en las cinco primeras milésimas de segundo que transcurrieron tras su nacimiento.

De acuerdo, ahora un poco de desgarradora sinceridad: si ya tenéis una niña y pensáis tener otro hijo, resulta poco realista que no esperes que el segundo sea un niño. ¿Correcto? Bueno..., ¿vale? Sí, un niño y una niña, como cantaba roncamente Louis Armstrong: *Who could ask for anything more?* [¿Quién podría pedir más?]. Pero mi amigo Ron, que había esperado un varón durante el primer embarazo de su mujer, con el nacimiento de su hija comprendió que siempre se había relacionado mejor con las mujeres, de modo que, en los dos embarazos siguientes, deseó (y tuvo) dos niñas más. La única regla de la paternidad es que te sorprenderás a ti mismo continuamente.

84. Quizá la hermana o el hermano mayor de vuestro futuro hijo tenga muchas ideas respecto al sexo del bebé.

La ambivalencia es de prever. Max, el hijo pequeño de unos amigos, tenía unas ideas muy definidas sobre el bebé que iba a nacer y así las anunció: «Quiero que sea un niño para que podamos jugar juntos». Pero al cabo de una semana dijo: «Quiero que sea una niña para poder tener mi propia habitación». A la semana siguiente decidió: «Quiero que sea un niño-niña para poder jugar juntos y tener mi propia habitación». Eso demuestra que los motivos que tienen los hermanos y hermanas mayores se corresponden a los que tiene el resto de la humanidad: recreación y propiedades.

Nuestra hija no titubeó en absoluto: anunció a todo aquel que estuviese dispuesto a escucharla que iba a tener una hermana. Intentamos convencerla de que la vida está llena de sorpresas, pero no quería escucharnos. «Es una hermana», le dijo a la peluquera cuando ésta le preguntó a mi mujer: «¿Qué va a ser?» (como si pidiese un emparedado en la tienda de *delicatessen*). Oh, bueno…, así que cuando llegó su hermano tuvo que reajustar significativamente su actitud para adaptarse.

85. Si no queréis saber el sexo de vuestro bebé hasta que nazca, escribid NO NOS COMUNIQUEN SU SEXO en una tarjeta de identificación con vuestro nombre.

Llevad puesta la tarjeta siempre que estéis cerca de un médico, un técnico de laboratorio o un trabajador del hospital. Esto es lo que nos ocurrió a nosotros: en nuestro primer embarazo, el tocólogo de mi mujer escribió en nuestro historial que no queríamos saber el sexo del bebé. Mi mujer y yo nos encargamos de recordarle a cada trabajador del hospital nuestra voluntad de no ser informados. Lo conseguimos durante los nueve meses del embarazo. Cuando llevábamos dos semanas de retraso respecto a la fecha prevista para el parto, fuimos al hospital para que le hicieran una ecografía a mi mujer (que salió bien). Como siempre, tan pronto como entraron en la sala, les dijimos a las personas que nos atendieron que no nos comunicasen el sexo del niño, y como siempre, el técnico de laboratorio nos respondió con una sonrisa del tipo «el gato que se come al ratón». Ya teníamos un pie fuera de la habitación cuando le pregunté: «Entonces, ¿qué podemos hacer para que el bebé nazca de una vez?». El técnico contestó: «Como es una niña, salte sobre el pie izquierdo tres veces haciendo un círculo en sentido contrario al de las manecillas del reloj». Abrí tanto la boca que la mandíbula casi golpea el suelo. Mi mujer y yo nos miramos totalmente desanimados. «¿Qué he hecho?», preguntó el técnico. «¿He hecho algo malo? Oh, sí..., claro...» «Nos está tomando el pelo», le dije con una mirada iracunda. «Sí, les estoy tomando el pelo», respondió él apresuradamente. «Nos ha hecho una broma», le dije a mi mujer. «Nos ha hecho una broma», me dijo mi mujer. Pero ambos sabíamos que no nos había hecho ninguna broma.

Pero quizá, con todas las decisiones que hay que tomar respecto a la compra de la ropa, los bates de béisbol o las muñecas Barbie, querrás saberlo por anticipado. Mi amiga Elizabeth me comentó que el día más feliz de su vida fue cuando supo que los gemelos que esperaba eran un niño y una niña.

Si quieres saberlo, pregúntalo. Si no quieres, no lo descubras por error.

Durante nuestro segundo embarazo llevamos puesta la tarjeta que decía NO NOS COMUNIQUEN SU SEXO a todas partes y nos quedamos sin respiración cuando, en la sala de partos, oímos: «¡Tenéis un niño!».

86. El asunto se vuelve espinoso cuando uno de los cónyuges quiere saber el sexo y el otro no.

Mi amigo Robert no quería saberlo; su mujer, Batina, sí. Las razones que él argüía eran supersticiosas: «¿Y qué pasa si algo va mal?». Batina llamó al médico y de este modo supo que esperaban un niño, pero no se lo dijo a Robert en ningún momento. A partir de entonces, tuvo que andar con suma cautela cada vez que declinaba algún ofrecimiento de ropa de segunda mano de color rosa y llena de encajes. Al final, consiguió identificarse con el bebé durante el embarazo a la vez que él recibió su sorpresa.

87. Reconoce el día en que el aumento de peso de tu mujer deje de parecerle una encantadora confirmación de su embarazo.

Será como un interruptor de palanca que se acciona de abajo a arriba. ¡Alerta roja! Ya se le ha pasado el enamoramiento del embarazo y ha recuperado su vanidad. El problema reside en que, a menos que sea una de las pocas afortunadas que son capaces de hacer ejercicio y mantener su tono muscular, su cuerpo empezará a funcionar de un modo extraordinariamente insólito. Una gran variedad de zonas, que por ti mismo tal vez nunca llegarías a advertir, la incomodan: la pequeña capa de piel adiposa que le cuelga en el codo, la inapreciable papada bajo la barbilla, la parte anterior de los antebrazos y de los muslos… Se estruja estas temibles zonas y dice: «¿Te lo puedes creer?». Tu única respuesta será: «¡Yo no veo nada distinto!».

Pero la zona que más disgusto le ocasiona es su trasero. Pese a que una vez fue firme, ahora representa el emblema del descontrol: se mueve en todos los sentidos, aunque ella sólo va en una dirección. De un modo extraño —probablemente porque ella tiene que hacer un esfuerzo para conseguir vérselo—, parece desafiarla.

Tendrás que halagarla, lavarle el cerebro para que comprenda la verdad fundamental: volverá a recuperar su buena forma física. (Pero ¿lo hará? Con tu ayuda, sí.) Mientras tanto, ayúdala a escoger ropa que le siente bien, como una holgada chaqueta azul marino sobre una camiseta blanca por encima de unas mallas. Después, decide qué ejercicios para los glúteos podéis hacer ambos en casa sin riesgos. (Nada de tirones musculares, por favor.) De este modo, podrás reducir al mínimo el deterioro y mantener su ego intacto.

88. No le preguntes a tu mujer si estás engordando.

No te lo dirá porque creerá que es por culpa suya. Su respuesta será: «Me encanta que puedas pesar lo que pesas sin que se te note». (¡Estás hecho un atleta!) O: «Tus hombros se están ensanchando». (¡Estás hecho un leñador!) O: «No soportaba esos pantalones, de modo que me complace ver que ya no te van bien». (¡Estás hecho un genio del vestir!)

Le encanta cuando devoras una tarrina de medio litro de helado con ella porque eso hace que se sienta menos compulsiva, pero no soporta que te zampes un bocadillo que hace una semana que está en la nevera.

Piensa ligero: «Menos es más». La novia que tuve en el instituto me enseñó dos secretos en materia de dietas que se habían transmitido de generación en generación en su familia: Corta una porción de pizza en ocho trozos pequeños, piensa que esos ocho trozos son porciones; después, cómete esas ocho «porciones» (no ocho porciones). Además, envuelve el resto de las porciones de pizza por separado en plástico adherente: te costará tanto desenvolverlas que decidirás que no merece la pena.

7 MANERAS QUE TIENE EL FUTURO PADRE PARA SABER QUE HA ENGORDADO:

1. Le excita más un helado que el sexo.
2. En una fiesta de cumpleaños infantil coge apresuradamente el último pedazo de pastel de chocolate y deja a varios niños sin probarlo.
3. No puede abrocharse el botón del cuello de la camisa y utiliza la corbata para mantener el cuello cerrado.
4. Compra todo su vestuario de color negro.
5. Compra una docena de jerseys de cuello alto para esconder su papada.
6. Empieza a ponerse chalinas.
7. Empieza a utilizar tirantes en lugar de cinturón («¡Son mucho más cómodos!»).

89. *Toma medidas para que la congestión (léase: los ronquidos) de tu mujer no os impida dormir a los dos.*

Mi mujer, que siempre había sido la más silenciosa de las criaturas, se congestionó al principio de cada embarazo y mantuvo esa obstrucción hasta la sala de partos (no hay nada como el parto para la descongestión). Las noches eran para volverse loco: ofrecía un concierto de resuellos, graznidos, silbidos y estertores. Gastaba cajas enteras de pañuelos de una sola vez.

En lugar de retirarte al sofá de la sala, intenta levantar la cabeza de tu mujer sobre dos almohadas. Compra dos juegos de tapones para los oídos: uno para ti y otro para ella (los ronquidos de mi mujer también la despertaban a ella). No utilices descongestionadores nasales a menos que los prescriba el médico. En invierno, pon un humidificador en la habitación. Respirará más fácilmente. En verano, utiliza ventiladores o un buen sistema de aire acondicionado. El ruido neutro que producen estos aparatos ayuda a ahogar los ronquidos.

90. *Prepárate para los sobornos y los regateos de tu mujer.*

Mi amigo Jonathan me contó que a su mujer, durante el embarazo, sólo le resultaba realmente difícil abstenerse de beber cuando salían a cenar fuera. Para hacérselo más fácil, él también dejó de hacerlo.

Entonces, una noche, su mujer le suplicó que pidiese una botella de vino: «Quiero ver cómo bebes. Sólo eso». A él le sonó bastante perverso, pero así lo hizo. «¿Qué te parece si bañamos el fondo de mi copa con una ligera capa de vino?» Él accedió a regañadientes. Pero cuando le pidió más, y después más, finalmente tuvo que decirle: «Oye, yo no quiero ser el que te imponga disciplina. ¿Por qué no lo hablas con el tocólogo?».

91. Cómprale una hamaca.

Sostendrá bien el creciente contorno de su cuerpo y con su movimiento de balanceo ayudará a que se relajen ella y el bebé. Las mejores son las de Yucatán, de México. Son baratas y duran mucho. Probablemente tu mujer se sienta excitada por el hecho de haber encontrado una cama que por fin comprenda la forma expansiva de su cuerpo. Si la colocas dentro de casa, quizás empiece a vivir en ella. También puedes ponerla en el porche. O bajo un árbol que dé sombra, si no vives en una zona infectada por los insectos. Compra el tamaño de matrimonio y túmbate junto a ella.

Tras el nacimiento del niño, la hamaca será especialmente útil para que tu mujer le dé de mamar, y a ti te brindará una oportunidad inmejorable de hacerles una foto.

92. Acostúmbrate a las conversaciones asquerosas.

Fascinada por su cambiante fisiología, quizá tu mujer te haga una descripción detallada del contenido de su pañuelo tras sonarse la nariz.

Comprende que esto es sólo el principio de las conversaciones sobre las sustancias que produce su cuerpo y que pronto se convertirán en algo así como el juego de «describe las figuras que ves en el pañal», al que jugarás poco después del nacimiento de tu hijo. Sí, eso está muy lejos de las conversaciones refinadas y casi celestiales que manteníais durante vuestro noviazgo. Ahora mismo, tal vez te parezca imposible que algún día llegues a hablar así, pero adoptarás esta jerga tan típica entre los padres con una rapidez pasmosa. Al cabo de algún tiempo, acuérdate de abrazar a tu mujer y de reírte al ver lo lejos que habéis llegado: ¿Recuerdas los días en los que no se os hubiese pasado por la cabeza tiraros un pedo delante del otro? ¿O sentaros en el inodoro mientras el otro se está lavando los dientes? ¡Ahora vuestros horizontes parecen ilimitados! ¡Anímate: no eres el primero en perder todo decoro! Sorprendentemente, tú y tu mujer todavía sentiréis lujuria el uno por el otro incluso después de que todo el sentido del decoro haya abandonado vuestra relación.

93. Prepárate también para ser irracional.

Es posible que todas las ideas salvajes que tenías cuando eras niño vuelvan a salir a la superficie. Un día, cuando andaba con mi mujer por una calle de Nueva York llena de montones de muebles desvencijados, como sillas con tres patas y sofás con la tapicería destrozada por las uñas de los gatos, recordé que, de niño, me solía preguntar por qué el mundo no metía estas basuras dentro de enormes esferas de plástico (cualquier estadio abovedado serviría) y las hacía despegar hacia el espacio exterior. De repente, la idea me pareció completamente plausible.

Se ha derramado mucha tinta para hablar sobre la demencia hormonal temporal que sufren las mujeres embarazadas, pero no sobre la de los hombres que nos implicamos en el embarazo de nuestra mujer. Créelo: ¡También podemos volvernos locos!

En este caso el problema obvio es que, cuando dos personas embarazadas irracionales están juntas, algunas ideas absurdas pueden pasar por ideas perfectamente normales. De modo que pensad las cosas dos veces antes de alimentar las excentricidades del otro.

94. *Empieza a comunicarte con tu hijo.*

Quizá te sientas un poco tonto al principio: Tu mujer está estirada, y tú le hablas al montículo de su vientre embarazado. ¿Crees realmente que el niño puede oírte? ¿Qué le dices?

Las respuestas son: «sí» y «cualquier cosa». Lo importante para tu hijo será el tono de tu voz, de modo que habla de lo que te apetezca. ¡Tienes un público cautivo y además no serás interrumpido! Resulta menos importante lo que dices que cómo lo dices. Habla sobre lo que esperas hacer con tu hijo más adelante: pasear por el parque, ir a patinar, leer libros, tiraros almohadas el uno al otro, jugar al juego de la oca… ¡Lo que sea! Y cuando tu hijo asome su cabeza al mundo, tu voz será un enlace desde el útero, una conexión tranquilizadora. Además, tu mujer oirá todo eso y pensará que es sumamente dulce.

95. *Comprende que quizá se te dispare exageradamente el instinto protector (y tu mujer te adorará por ello).*

Cuando mi mujer y yo fuimos a un concierto de los Rolling Stones en el Shea Stadium (como se había anunciado, era su última gira…, sí, exacto), yo estaba preocupado por el bebé. Me llevé unos cuantos almohadones —lo que provocó unas risitas entre los guardias de seguridad— y rodeé con ellos su hinchada barriga con el fin de amortiguar el sonido ensordecedor durante el concierto. Debía de parecer el paradigma del padre preocupado, en pie, detrás de mi mujer, con los brazos rodeándole la cintura y los almohadones sujetos con las manos, pero el ruido era tan ensordecedor que casi no pudimos distinguir cuando «Jumpin'-Jack Flash» acabó su espiral alrededor del estadio y empezó «Midnight Rambler».

Estábamos en medio de un mar de animados fans y claramente nos sentíamos fuera de lugar. Yo no dudé en dar un ligero codazo a cualquiera que se acercase demasiado. Era tan divertido como llevar a mi mujer al metro en una hora punta. Finalmente, nos levantamos y nos fuimos; yo iba detrás de ella, arrastrando los pies y rodeando su vientre con mis brazos y los almohadones; caminábamos al unísono, y yo me sentía loca y maravillosamente embarazado.

96. No esperes que los embarazos siguientes sean iguales al primero.

Probablemente os parezca menos nuevo y menos excitante a ambos. Quizá te saltes muchas de sus visitas al tocólogo, aunque la primera vez la hubieses acompañado a todas. Tal vez tu mujer esté más cansada, haga menos siestas y no tenga tiempo de estirarse debido a las exigencias de vuestro hijo o hija mayor. Puede que sientas que le prestas menos atención que la primera vez, y ambos estaréis algo resentidos por la poca atención que os prestarán los amigos y familiares.

La segunda vez, tu trabajo consistirá en llevarte de excursión a vuestro hijo mayor; eso será bueno para tu mujer (podrá descansar) y también para tu hijo (recibirá una atención total por tu parte).

97. Quizá sueñes con tu futuro hijo.

Sí, suena como el titular de un periódico sensacionalista (UN HOMBRE CONOCE A SU FUTURO HIJO EN SUEÑOS), pero te aseguro que eso es lo que me pasó a mí. Resultó muy vívido, extraño, poderoso, inexplicable y ratificador. ¿Por qué no? En una ocasión, mi amigo Paul me dijo: «Siento como si hubiera conocido a mis hijos en sueños. Recuerdo haber cruzado unas aguas y después haber andado a lo largo de una sucia carretera con un niño pequeño. Cuando me desperté, le expliqué a mi mujer que había conocido a mi hijo».

Por otra parte, quizá tengas sueños cargados de ansiedad y extremadamente detallados: sueños en los que pierdes a tu hijo en una feria, un centro comercial o un aeropuerto, o lo has dejado olvidado a la orilla del mar... Comprende que, por la noche, tu mente actúa por sí misma y que estos sueños son saludables, aunque te aterroricen. Quizás, hasta las sábanas estén empapadas de sudor. Ahora es el momento de que tu mujer te abrace contra su pecho y te diga que todo va a salir bien. Cuando lo haga, respóndele: «Nuestro hijo va a ser muy afortunado por tenerte como madre».

98. Tu mujer soñará con el bebé.

Algunos sueños serán agradables (mi mujer soñó que le leíamos a nuestro hijo en una librería). Pero otros probablemente sean pesadillas sorprendentemente vívidas. Mi mujer se despertó con la pesadilla más terrible de su vida: ya había tenido al bebé, pero lo había perdido. Se despertó literalmente gritando, de modo que la abracé durante una hora mientras le aseguraba que todo estaba bien.

Si tu mujer se despierta con un ataque de pánico, abrázala, prepárale una infusión y tranquilízala hasta que vuelva a dormirse. No sólo le demostrarás que la amas, sino que le permitirás vislumbrar el tipo de padre que serás para tu hijo.

3
El tercer trimestre

99. Has de saber que el tercer trimestre del embarazo resulta interminable.
Hacia el final del embarazo, tu mujer se sentirá como si fuese incapaz de hacer
nada. Tendrá dolores. Su sueño será irregular. Su respiración sonará como si lle-
vase puesta una escafandra. La comida le sabrá a cartón y sus deposiciones pa-
recerán de cartón. Le saldrán hemorroides y le picarán tanto que no podrá con-
centrarse en nada más. Por fortuna, se mantendrá fiel a los últimos vestigios de
dignidad femenina y no se rascará el trasero en público. (Pero si estás tú sólo en
la habitación, no tendrá ningún problema en hacerlo.) Al despertar dirá que lo
que necesita es una buena noche de sueño. Cuando empieces a hacerle el amor
te dirá que lo que necesita es una buena noche de sueño. El problema es que no
va a tener una buena noche de sueño durante algún tiempo. (Se imagina que
cuando nazca el bebé podrá respirar y dormir bien, pero es que tiene unos con-
ceptos divinamente falsos sobre el embarazo.) Estará rodeada por tantos cojines
que parecerá que viva en un iglú: uno entre las piernas, otro bajo la espalda, otro
detrás de los hombros, dos debajo de la cabeza, otro bajo los pies… Le dolerán
las costillas y los senos (de los cuales ya le saldrán unas gotas de un líquido ama-

rillo) y le dolerán los tobillos y los pies, y la zona lumbar le producirá más que dolor (le parecerá como si tuviera las vértebras desplazadas y soldadas) y sufrirá espantosos calambres en las piernas, de modo que lo único que querrá será: ¡masajes, masajes y más masajes! Anhelará (incluso más que el bebé) aliviar la pesadez de la fase final del embarazo.

Después está la fecha prevista para el parto. Todo el mundo le dijo que no se la creyese demasiado, pero ella se la creyó (y tú también, admítelo), de modo que cada día que pasa de esta fecha siente como si hubiese fracasado. Eso se cierne sobre ella, balanceándose hacia delante y hacia atrás, avergonzándola. Todos le preguntan cuándo le toca y después menean la cabeza con consternación al comprender que todavía no está lista, o que le tocaba la semana pasada o al ver casualmente su barriga cuando ella se la está rascando a gusto (pensando que nadie la mira) y comentan que tiene la piel tan tirante como el papel de aluminio de las palomitas Jiffy, y entonces empieza a llorar (en parte porque le han recordado que quiere palomitas y todos los supermercados están ya cerrados).

Y entonces el retraso es verdadero: la fecha prevista para el parto era hace dos semanas. La gente frunce el entrecejo, te lleva a un aparte y te pregunta si ya haces algo para que la cosa se ponga en marcha, de modo que finges que tu vida sexual funciona perfectamente, gracias (nunca ha ido mejor), pero sabes que el apasionado sexo que mantuvisteis durante el segundo trimestre se ha convertido en un sueño marchito y que estás en una fiesta llena de mujeres solteras cuyo objetivo es el de buscar a hombres que se quieran comprometer —y tú eres, obviamente, de los que se comprometen—; entonces pones fin a tu flirteo y te llevas a tu mujer a casa en un estado de gran excitación, pero la miserable e implacable rutina vuelve a extinguir de nuevo tu vida sexual.

Intentas no compadecerte de ti mismo —comprendes lo afortunado que eres por esperar un bebé—, pero te sientes en conflicto con tu vida. Tú también tienes necesidades. El embarazo parece una película de suspenso que entra en su tercera hora: ¡ya hay bastante! Tú también quieres que se acabe de una vez la tensión, y por esa razón, ahora debes ser especialmente diligente. De nuevo, es el momento de esconder la barriga (con suerte no estará demasiado distendida), echar los hombros hacia atrás y demostrarle a tu mujer de qué madera estás hecho. Aunque te hayas relajado durante el primer y el segundo trimestre del embarazo, cuando tu mujer más te necesita es ahora, durante la última etapa.

Por supuesto, esto es sólo el principio…

100. Un día, hacia el final del embarazo, tu mujer mirará al techo y gritará: «¡Encuentra una parte de mí que no me duela!».

Esto es lo que tienes que hacer: ser romántico con ella. Dile que no la abandonarás ahora que (en su mente, al menos) es un montón de piel estirada y huesos que crujen. En un cálido atardecer de verano, llévatela a cenar a la playa, o a un cine o un teatro que sea fresco. O conduce hasta una área de servicio y estírate con ella encima del capó (sobran las bromas de que explotarán las ruedas, por favor). O id a un estanque para que pueda caminar con el agua hasta la cintura y disfrutar de la ingravidez. Cúbrela con un paraguas y llévala a pasear bajo la lluvia, o abrigaos bien y dad un paseo durante un claro y vigorizador día de invierno o haced una muñeca de nieve embarazada.

101. Reconoce el momento en el que ninguno de tus amigos quiera oír hablar más de vuestro embarazo.

Sí, al principio todo eran apretones de manos y abrazos y dime lo que sientes; más adelante (cuando el niño ya haya nacido y no te deje dormir), tus amigos volverán de nuevo para hacerle monerías al bebé y comérselo con los ojos. Pero ahora, cuando tomas la curva y te diriges hacia la recta final de la carrera, quizás adviertas que cuando hablas del estado de tu mujer, o del tuyo, tus amigos te dan la espalda.

No impongas vuestro embarazo a nadie. Por ahora, de todos modos, sólo a vosotros dos os pertenece este embarazo. Si conoces a una persona que todavía quiere oír hablar de cada una de las vértebras agarrotadas y de los tobillos hinchados, ese amigo (o familiar) debería ser coronado como un «amigo para toda la vida».

102. Habla con tu mujer sobre si es preferible contratar a una niñera o que su madre se mude a vuestra casa dos semanas después del nacimiento del niño.

103. Comprende que tu mujer quizá tenga excitantes sueños eróticos que le provoquen su primer orgasmo nocturno.

Ella gime en sueños: «Oh…, ahh…, ahhhh…». Abres los ojos. Piensas: *Mi mujer está teniendo una terrible pesadilla y más vale que sea un buen marido y la despierte.* Y justo antes de sacudirla suavemente para decirle: «Oye, es sólo una pesadilla», te das cuenta de que, en su mente, ¡está echando el polvo de su vida! Apartas la mano. *Mi mujer en la cama con… ¿quién?… ¿Y qué le está haciendo?… ¿Y cuántas personas aparecen en el sueño?* Los gemidos de tu mujer se intensifican, y de repente, deja escapar el aliento, jadea y se lame los labios con la lengua. ¡Estás pasmado! ¡Es repugnante! Ella… te está engañando… y está embarazada, ¡por si fuera poco! Sus ojos se abren: «Dios mío, acabo de tener el sueño más increíble que…».

Aquí tienes tus opciones: Pon su rostro bajo una potente luz e interrógala (en cuyo caso quizá te recuerde que sus sueños no son propiedad común del matrimonio) o entra de un salto y únete a la fiesta. Tú eliges.

TOMAD UN BAÑO JUNTOS. *Asegúrate de enjabonar su embarazada barriga.*

---

104. *Compra un libro de nombres y busca tus favoritos.*

Pídele a tu mujer que haga lo mismo (probablemente no tendrás que pedírselo; lo habrá hecho antes que tú). Ahora, la parte divertida: negociaciones. Tú propones un nombre y ella lo fusila; ella propone un nombre y tú te lo cargas. Son tantos los nombres que consideráis que vuelves a proponer el mismo nombre que propusiste la semana pasada y ella te dice que quizás: estás haciendo progresos. Más tarde o más temprano, tras haber considerado una multitud de opciones, os quedaréis con una docena de posibilidades. Si no sabéis el sexo de vuestro futuro hijo, tendréis dos listas, e invariablemente una será mejor que la otra. Tu mujer recuerda que tu nombre de niña favorito es el nombre de aquella chica de San Francisco de apariencia provocativa con la que tuviste un pequeño escarceo amoroso nada más acabar la carrera universitaria, y de repente, se le avinagra el humor. ¡Suficiente juego para una sola noche!

Empieza las negociaciones con respecto al nombre de vuestro futuro hijo con bastantes semanas de antelación. En algunas ocasiones resulta fácil: mi mujer y yo decidimos el primer y el segundo nombre de nuestra hija en menos de un minuto —así de sencillo— y lo gritamos en la sala de partos. Sin embargo, mantuvimos inacabables debates sobre los nombres de niños. Con nuestro hijo no estuvimos seguros hasta que bajamos en el ascensor del hospital para pagar y marcharnos. Tomamos nuestra decisión final (la adecuada) y la escribimos a toda prisa en el certificado de nacimiento.

105. ¿Te has dado cuenta de que todas las personas que conoces te presionan para que le pongas su nombre preferido a tu hijo?

¡En esta cuestión no escuches a nadie más que a tu mujer! Un pariente —de la familia de mi mujer— se pasó semanas insistiendo en que *Cósimo* era el nombre perfecto para un niño. De acuerdo, yo soy un gran admirador de Cósimo de Medici, el hombre que corrió con los gastos del Renacimiento florentino, y mi deseo de ser italiano es tal que hasta llegué a transmitirle la sugerencia a mi mujer: pensó que estaba loco. «Puede que tengas razón —le dije—. "¡Cósimo Barron ha marcado un tanto!", no acaba de sonar bien.»

Mi familia también se lanzó a toda prisa a ponerle nombre al bebé. Mi madre propuso que le pusiésemos a nuestra hija el nombre de mi abuela, una combativa mujer rusa que se había agarrado a los ejes de un vagón de carga para cruzar la frontera de la Unión Soviética. La madre de mi mujer esperaba que tal vez continuaríamos con la tradición en cuanto al nombre de varón que se ponía en primer lugar en su familia. También hubo otros intentos. Si los hubiésemos complacido a todos, nuestros hijos habrían tenido quince nombres, como ocurre en

América del Sur. Intenta no sentirte culpable por no pasar a la siguiente generación un nombre tradicional en la familia que ha perdurado desde antes de la guerra civil o que proviene del siglo XII y del clan celta al que perteneces. Cuando vean los chispeantes ojos de tu bebé, se les caerá la baba y se olvidarán de todas sus sugerencias.

106. Impide que manoseen la barriga de tu mujer.

¿Quién es esa gente y en qué está pensando? ¡Son perfectos extraños! ¡Amigos de amigos en las fiestas! Cuanto más pronunciada sea su barriga, más parecerá pertenecer al dominio público en lugar de ser propiedad privada. Sí, es bonito tocar la creación. Seguro, la palmadita es bienintencionada. Pero yo hice todo lo que estuvo en mis manos para mantener las manos de los demás a distancia: primero con un ademán o con miradas fulminantes, aclarándome la garganta, y al final, cuando nada parecía funcionar, diciéndole directamente al intruso que apartase sus manos.

Una vez que haya nacido el niño, esta práctica os servirá a los dos, cuando los mismos extraños querrán hacerle carantoñas y poner los dedos bajo su barbilla o hacer como que le roban la nariz o toquetear sus manos y comentar lo diminutas que son.

PONTE EN BUENA FORMA FÍSICA. *Más pronto de lo que te crees tu hija gritará: «¡A que no me pillas!», y se precipitará hacia el campo de juego. Correrás tras ella y verás de qué modo el viento ondea en sus cabellos y cómo avanza con los codos y las rodillas volando por los aires y los pies moviéndose como una hélice. No querrás* que te falte el aliento y resollar a cuatro patas hasta que ella se dé la vuelta y grite: «¿Qué te pasa, papi¿».

(Además, deberías mantener tu corazón en buen estado para vivir muchos, muchos años.)

---

107. No te burles de las clases de preparación para el parto.

Había hecho la promesa de no sonreír presuntuosamente, no distraerme, no sentir que era una pérdida de tiempo: todos los clichés de cómo suelen reaccionar los hombres en estas situaciones. Incluso, antes de entrar en la clase, mi mujer me hizo un breve y brioso discurso a fin de ayudarme a concentrarme. Entonces, cruzamos la puerta.

Allí, sobre el suelo enmoquetado, estaban las otras enormes mujeres, con sus inseguros maridos, pero, ¿dónde estaba la instructora? «Oh, Dios mío…», oí que decía una mujer. Mi mujer clavó su mirada tras de mí: «Esto no es justo». Nuestra instructora entró pavoneándose en la clase, toda piernas y tacones altos y minifalda y ondeante melena rubia y rostro cincelado y pechos esculturales y puntiagudos y levantados. «Esta no ha tenido nunca un bebé…», murmuró otra mujer. «No importa», susurró su marido. «No importa en absoluto.»

En nuestro grupo, la asistencia de los maridos era excelente. Resultaba bastante habitual que, después de la clase, algún marido quisiese demorarse un poco a fin de pedirle a la instructora que le hiciese una demostración de la técnica de respiración rápida o cómo y dónde y con qué intensidad hacer un masaje durante el parto («Házmelo a mí para que sepa cómo debe ser…»). A medida que pasaron las semanas y las mujeres adquirieron una mayor redondez, las faldas de nuestra instructora se volvieron más cortas. Cuando llegamos a la última sesión, su conjunto azul con topos blancos parecía no más que una corbata de los setenta alrededor de su cintura. «Estás babeando, cariño», reprendió una mujer a su marido.

Una noche, durante la clase, mi mujer me miró suplicante a los ojos y me dijo: «Sé que todo esto es inútil. Yo no estoy dispuesta a sufrir dolores. Lo primero que haré cuando entre en la sala de partos será pedir todos los calmantes que tengan a su disposición». (Fiel a su palabra, así lo hizo.) «Creo que deberíamos continuar con esto», le dije. «Ya sabes: hay que tener empuje. Como nos decían en la Universidad: hay que esforzarse.»

Y estoy contento de que fuese así porque las clases hicieron que el parto me pareciese algo más normal. Cuando vimos la granulada película de un parto verdadero, la sangre se retiró del rostro de todos los hombres (y de algunas mujeres también). «¡Uf!», se quejó a su mujer el tipo que tenía al lado. «¡No quiero ver cómo te pasa eso a ti!» Pero por muy horrendo que sea ver cómo una madre alumbra a un bebé en una película, en persona es algo milagroso. Las clases de preparación para el parto tienen que ver, en su mayor parte, con la desmitificación. No sólo la película, sino también las sesiones de práctica, las respiraciones, los masajes y el «entrenamiento» (¿hay alguien capaz de pensar en un término que no haga recordar a un entrenador de baloncesto con el pelo engominado y andando por los laterales con su elegante traje?).

Si vuestra instructora fuese como la nuestra, no tendría que recomendarte que asistieras a las clases de preparación para el parto. Pero, de todos modos, hazlo. Hoy en día, el modo en que incorporamos a los hombres al significado del embarazo y el parto resulta un ritual de transición muy americano. Aunque no tengas la oportunidad de llevar a la práctica algunos de tus conocimientos, la familiaridad con este proceso te dará más confianza, te acercará a tu mujer y será algo normal (incluso simple), de modo que sabrás que no necesitas ser un super-hombre para arreglártelas.

108. No os mudéis durante la última fase del embarazo.

Si tu mujer da a luz antes de lo previsto, quizá te encuentres poco equipado para su vuelta a casa. Tal vez quieras (o necesites) mudarte; puede que no dispongáis de suficiente espacio, los colegios del barrio no sean buenos o tengas un vecino en el piso de arriba (como nosotros) a quien le gusta ir en monopatín por la sala de estar a las 2.30 de la madrugada. Si tenéis la imperiosa necesidad de mudaros, planifica la mudanza para el segundo trimestre del embarazo (¿no te alegra estar leyendo ya esto?). Ocúpate tú de los detalles: tu mujer ya se siente bastante agobiada y tú necesitas un logro propio. Envía a tu mujer de visita a casa de amigos o familiares. No quieres que se canse, que se lesione la espalda cargando cajas o que se preocupe por dónde poner el sofá de la sala. Necesitará su espalda y su mente para el último período del embarazo.

Evita las malditas reformas como si fuesen una plaga. Sé realista. Si te decides por una casa que todavía está en construcción a principios del embarazo o en el segundo trimestre, recuerda que la planificación difícilmente se cumple (se parece mucho al embarazo) y que el constructor no se va a compadecer de ti sólo porque tu mujer esté embarazada. (Su objetivo es el de enloquecerte lo bastante para que llenes cheques por un importe cada vez mayor con el único fin de echarlo fuera de tu casa.) Intenta escoger a un constructor que acepte una cláusula relativa al retraso en la construcción (que sea algo así como una penalización diaria de quinientos dólares a fin de que los trabajadores cumplan con su programa). Aunque tus intenciones sean buenas (una habitación para el niño, una habitación para jugar), si el trabajo te desborda, tu mujer no será capaz de cargar con el olor de la pintura, el polvo y el desorden. Quieres que ella se mantenga sana y en sus cabales. Escucha sus necesidades y haz que los trabajadores se encarguen de la limpieza final incluso antes de que empiece el tercer trimestre.

109. *Prepara la habitación para el bebé.*

Tu mujer quizá quiera ocuparse de eso, pero ofrécele convertirlo en un trabajo de equipo. Pide ideas a otros padres. Y como sucede con todos los bienes raíces, piensa en la ubicación, la ubicación y la ubicación. Que no esté demasiado lejos para alimentarlo por la noche. Ni tampoco demasiado cerca para que los dos podáis mantener algo de intimidad. Después, lo esencial: una cuna de mimbre, una cuna con barrotes para más adelante, una buena mesa o un sofá cama (no demasiado bajo ni demasiado alto) para cambiar una cantidad astronómica de pañales, una papelera con una tapa que se abra a pedal, una cómoda, un cesto de mimbre para almacenar los juguetes, un móvil blanco y negro (para los primeros meses) y otro de colores brillantes (para más adelante) que canten una canción de cuna. Hazte con un casete y compra cintas adecuadas: Pete Seeger o Burl Ives para dar el toque tradicional, Raffi si quieres estar al día, Barney si no eres capaz de esperar más tiempo para que tu hijo sea adoctrinado en su primer culto.

Asígnale a tu bebé la habitación más ruidosa de la casa: no porque no lo quieras, sino porque así se convertirá en esa persona que tú desearías ser: alguien que duerme como un tronco sin importarle el ruido. Si tu hijo es capaz de dormir a pesar del alboroto matinal en la cocina, será capaz de dormir a pesar de la fiesta de la cerveza que tenga lugar en el colegio mayor y a la que esperas que no quiera acudir dieciocho años más tarde.

Ahora pon la habitación a prueba de bebé. Estírate boca abajo, mira a tu alrededor y haz una lista de los lugares peligrosos: todos los enchufes eléctricos, escalones, cables defectuosos, materiales tóxicos… Rectifica cualquier problema.

Y no te retrases. Nada le resultaría tan decepcionante a tu mujer como poner a su bebé en una habitación que todavía desprende olor a pintura.

¿Quieres sorprender realmente a tu mujer con tu planificación? Cuelga un tablero de corcho para clavar fotos, dibujos, material gráfico o notas (os podéis escribir notas mutuamente).

NUNCA LE DIGAS A TU MUJER EMBARAZADA QUE ES IRRACIONAL, IRRITABLE O TEMPERAMENTAL. *Seguro que provoca una discusión. Todas las mujeres embarazadas están convencidas de que no son nada de eso…, o si lo son, tienen el maldito derecho a serlo.*

---

110. ¿Cómo deberías reaccionar si tu mujer embarazada le pide a su madre o a una amiga que esté presente durante el alumbramiento?

Dos opciones: enfurruñarte y afligirte en una esquina (mirando por encima del hombro para asegurarte de que todo el mundo lo ha advertido) o alegrarte por poder compartir tu responsabilidad. (Sólo espera que no escoja a un amigo varón: ¡si lo hace tendrás que trabajar en tu matrimonio!) Pero si has estado involucrado en el embarazo, te has entrenado con tu mujer para el gran momento, has practicado las respiraciones rápidas y los jadeos y estás totalmente dispuesto a ayudar al tocólogo y el anestesista a fin de conseguir los mejores resultados, entonces pienso que estás en tu derecho de decirle a tu mujer que preferirías ocuparte de acompañarla sólo tú. La madre de mi mujer se ofreció para estar presente; mi mujer transmitió su oferta; yo la rechacé. Sin embargo, conozco a hombres a los que les ha encantado la posibilidad de reducir su ansiedad, bien a través de la madre de su mujer, de una amiga o de una comadrona (una técnica especialista en partos que ayuda a tu mujer a dar a luz y a que se sienta cómoda). Tú decides, pero no guardes tu opinión hasta que ya sea demasiado tarde.

111. No te preocupes: no sois la primera pareja que deja de mantener relaciones sexuales en el tercer trimestre.

Ésta es una de esas cosas de las que nadie habla, pero que todos hacen (o no hacen). No, ella ya no se siente cómoda. Sí, realmente sientes que el niño está *demasiado presente* (aunque su tocólogo te sigue repitiendo que vuestro hijo no puede ver tu pene). Admítelo: sientes cómo se mueve el bebé bajo tus manos mientras tenéis relaciones sexuales, y eso resulta muy perturbador.

Lo más importante es relajarse. Hay otros medios que tu mujer puede utilizar para ayudarte a conciliar el sueño. Y viceversa. Explóralos.

112. Reconoce que va a pasar realmente.

El embarazo mismo se convierte en una especie de río cuya corriente te transporta a lo largo de su curso… y hay tantas rocas en el río que algunos hombres no reconocen verdaderamente la maravillosa y notoria verdad de que «el bebé va a llegar» hasta que ¡zas! se produce la revelación, y entonces, entran de golpe y profundamente en el embarazo.

En mi caso, ese momento llegó cuando se celebró la fiesta de regalos previa al nacimiento de nuestro hijo que había sido organizada por las amigas de mi mujer en un restaurante. Me habían dado instrucciones de que llegase hacia el final, para el momento de los regalos: ni demasiado pronto para no sentirme desplazado ni tan tarde que estropease el ritmo de la noche. En lugar de dar docenas de vueltas a la manzana y mirar por la ventana a la espera de una señal de sus amigas, me fui a un concierto de Bob Dylan (que, a esas alturas del embarazo, hubiese representado un ambiente demasiado cargado de humo y demasiado ruidoso para mi mujer), y cuando llegué, me sentí totalmente fuera de lugar con esas mujeres achispadas.

Sonreí y di las gracias a cada una de ellas mientras mi mujer abría los regalos, las abrazaba y compartía con sus amigas esa profunda comprensión femenina del Futuro que desconcierta a los hombres. Sí, comprendí que se trataba de una nueva muestra de adulación para mi mujer. Pero eso no me molestó. Por aquel entonces ya había encontrado mis propias técnicas para mantenerme equilibrado a su sombra. Todas aquellas chicas ingenuas y confiadas, y muchas de ellas atractivas, ¿me miraban como a un papá? No, tampoco era eso. De pronto comprendí que era *real*. Íbamos a tener un hijo; me había sumido tanto en la rutina diaria del embarazo que no había sido capaz de concebir plenamente el cambio que se nos iba a venir encima. Hacia el segundo o el tercer regalo, entre los llamativos colores de los patucos y los jerseys tejidos a mano del tamaño de una muñeca, comprendí que pronto una pequeña criatura estaría entre nosotros.

Más tarde, solos en la oscuridad de nuestra sala de estar, miré fijamente los calcetines. Eran del tamaño de dos de mis dedos. Estaba perdido en mis pensamientos. ¿Cómo podían ser tan diminutos unos pies? ¿Cómo sería esta «personita»? ¿Estaba realmente preparado para la paternidad o lo estaba más para asistir a un concierto de Bob Dylan y aguantar el mechero encendido en el aire para pedir una repetición?

—¿Estás bien? —me preguntó mi mujer acercándose a mí en la oscuridad.

—Va a ocurrir, ¿no? —le dije.

—Todo va a ir bien —me contestó poniéndome la mano en el hombro.

A la mañana siguiente, fui a una tienda de ropa para bebé por delante de la cual había pasado un millón de veces anteriormente y compré un traje para la nieve con tantos adornos de brillantes colores que parecía un mono de los que llevan los corredores de coches de carreras. Salí de la tienda dando saltos.

CELEBRAD MUCHAS FIESTAS DE REGALOS PREVIAS AL NACIMIENTO. *Además de la fiesta que ya ha celebrado con sus amigas, puede que tu mujer haga otra con las amigas de su madre y otra con las amigas de tu madre. Quizá te plantees celebrar una fiesta mixta. Mis amigos Marina y Caleb me describieron los juegos que prepararon para sus fiestas. Todos tenían que adivinar el diámetro del hinchado vientre de Marina y el ganador recibía un premio. En otro juego le taparon los ojos a Marina y tuvo que adivinar, de entre todos los pies desnudos de los hombres que había en la fiesta, cuáles eran los de su marido. (Conoce los límites de tu mujer: la mía no hubiera participado en ninguno de estos juegos bajo ningún concepto.)*

Después de todas estas fiestas de regalos, Marina dijo: «Salvo los pañales, no tuve que comprar nada para el bebé durante los primeros siete meses».

113. ¿Has empezado ya a ponerle música a tu hijo?

Al menos, elige una composición musical y mantén los auriculares sobre el vientre de tu mujer con frecuencia. Más adelante, cuando tu hijo ya haya nacido, esta canción tendrá un efecto apaciguador, lo que equivale a poner fin al llanto (a veces).

Nosotros le pusimos *Las cuatro estaciones* de Vivaldi, y después nos sorprendimos (y nos deleitamos) cuando, misteriosamente, los ataques de llanto de nuestra hija se calmaban con esa música.

114. Encuentra una canción —preferiblemente romántica— y ponla a menudo a fin de que os haga recordar para siempre el embarazo.

Pocas cosas pondrán a tu mujer tan romántica y con tanta prontitud como este método comprobado y garantizado. Las canciones se asocian a los recuerdos como los percebes a los barcos. Piensa en la época de vuestro noviazgo: ¿qué es lo que oyes? (Yo oigo a Tina Turner cantar «Let's Stay Together»). Cuando veas que tu mujer responde efusivamente a una canción de la radio, sal corriendo, compra el CD y ponlo los domingos por la tarde, cuando estéis leyendo tranquilamente en el sofá.

115. Acostúmbrate a tener menos tiempo de ocio.

Pronto, no tendrás ni un momento de ocio. ¿Cómo puedes prepararte?

Utiliza tu tiempo de un modo más sensato eliminando todo aquello que no sea importante. Aprende a leer el periódico en la mitad del tiempo habitual. Da un vistazo a los titulares, y lee los párrafos iniciales y finales. (sí, también dedica algo menos de tiempo incluso a la sección de deportes.) Prescinde de las actividades superficiales como invitar a amigos que no son realmente amigos o a parientes cuya única excusa para estar ahí es la de estar colgados del árbol genealógico. Aprenderás que tener menos tiempo puede resultar ventajoso: arreglarás y corregirás tu vida.

116. Cómprate un móvil.

Llévalo cuando no estés fácilmente accesible a fin de que tu mujer pueda contactar contigo siempre. Esto resulta especialmente importante durante la recta final o, si no, te sentirás como si fueses un prisionero del inminente parto. Si no tienes un móvil, empezarás a resentirte de las constantes paradas en las cabinas telefónicas y la presión que sientes cuando no estás al alcance de un teléfono y piensas que quizás te estés perdiendo el parto. Tu objetivo es el de mantener tu sensación de libertad a la vez que continúas protegiendo a tu mujer.

117. Anima a tu mujer a practicar ejercicios pelvianos.

Durante el embarazo, no dejas de oír hablar del «suelo pelviano» de tu mujer y quizá te preguntes: ¿Qué es eso? Es una zona repleta de músculos que tu mujer utilizará para empujar al niño durante el alumbramiento, y que, lamentablemente, se distenderá (a menos que le practiquen una cesárea). Los ejercicios pelvianos tonifican esa zona muscular y la ayudarán a mantener su elasticidad tras el parto. Estos ejercicios no son difíciles de hacer (es el mismo movimiento muscular que se hace para dejar de orinar) y pueden realizarse en cualquier parte: en el lavabo si es que, en efecto, está orinando, mientras trabaja ante una mesa o conduce o está estirada en la cama antes de saltar sobre tus huesos.

Si dice: «¡Qué puñetas voy a ejercitar mi vagina!», dile que es para conseguir esa sensación de que te aprieta firmemente el pene cuando hacéis el amor. ¡No querrá perderse eso!

118. Sé discreto y no hagas caso de los increíbles ruidos y olores que el cuerpo de tu mujer produce durante el embarazo.

Aunque tu mujer esté afligida y perpleja por sus frecuentes ventosidades, quiere que reacciones como si no hubiera ocurrido nada. Mi amigo Carl me dijo que una de las noches más flatulentas de su mujer, él dijo jocosamente: «Caramba, tus trompetazos no tienen nada que envidiarle al saxofón de Zoot Sims». A ella no le hizo gracia. «Se supone que tendrías que actuar como si no te hubieras dado cuenta», le dijo. «Y tenía razón», admitió él.

119. Mantén tu discreción en la cuestión de las hemorroides.

Quizá las hemorroides siempre te han producido desconcierto. Tal vez, como yo, te quedaste perplejo cuando el famoso jugador de béisbol George Brett se sentó en un donut hinchable sobre el banquillo durante las series mundiales de 1980. Y ahora esa criatura delicada, tu mujer, intenta no rascarse el trasero y tiene la misma humilde expresión perruna tan vívidamente exhibida en el rostro de George Brett en aquellos primeros planos televisivos.

¿Por qué le han salido ahora? Probablemente por el estreñimiento (algunas mujeres lo sufren debido a las vitaminas para caballo que toman durante el embarazo). Por lo tanto, ¿qué es lo que puedes hacer —discretamente— para ayudarla? Altera su dieta: mucho arroz y verduras cocidas en lugar de aceite, carne y alimentos grasos. Añade pasas o ciruelas a los copos de avena. Dile que le pida al tocólogo que le recete alguna crema. Cómprale almohadillas para las hemorroides (que funcionan bastante bien pero tampoco son una maravilla). Haz que se sumerja en baños de agua tibia. Y si se sienta durante largos períodos de tiempo, piensa en un cojín hinchable en forma de donut como el que utilizaba George Brett en las series mundiales.

120. ¿No tienes la impresión de que va al médico cada día?

Y si vas con ella, ¿no se han vuelto las visitas un poco repetitivas con las mismas comprobaciones del médico sobre su estado de dilatación? Su vagina, con respecto a la cual todavía sientes algún sentimiento de posesión, ahora está siendo descrita con tanto romanticismo como la abertura del diafragma de una cámara fotográfica en el manual de instrucciones.

Pero no te equivoques: aunque siempre intentes tener presente la magnífica, ilimitada y procreadora naturaleza de la reproducción humana, que rechaza ser exageradamente dirigida, acorralada o clasificada, ni en sueños se te ocurriría no tener un médico que le hiciese las revisiones pertinentes a tu mujer.

121. Si todavía está embarazada cuando llegue el Día de la Madre, ofrécele a tu mujer su primer regalo.

Lo apreciará durante toda su vida. Haz que sea un regalo para siempre, algo que no vaya a pasar de moda. ¿Qué tal una mecedora que después será perfecta para amamantar o tranquilizar al bebé? ¿O un grabado, un dibujo o un cuadro de una madre y su hijo, o mejor aún, de una madre, un padre y su hijo? O compra unas bandejas para tomar el desayuno en la cama (así podrás mantener la breve ilusión de que habrá desayunos en la cama para ti y tu mujer, no sólo para tu bebé lactante).

Para el Día de la Madre le regalé a mi mujer un sofá cama que compré en una pequeña tienda de antigüedades cerca de Wrigley Field, en Chicago (tras ver cómo los Cubs perdían a su encantadora y graciosa manera), un regalo que mi mujer tuvo presente a menudo cuando, después, se tumbaba en él para amamantar a nuestros hijos.

122. Compra un buen asiento de bebé para el coche.
Escoge uno que se abra y se cierre con facilidad para poder sacar al niño del coche sin que se despierte. (También utilizarás este asiento como una mecedora para el bebé.) No te olvides de llevarlo al hospital; vas a necesitarlo cuando salgas, y en algunos lugares no te permitirán salir con el bebé si no lo tienes. Si el dinero es escaso, debes saber que algunas compañías de seguros tienen asientos de bebé en servicio de préstamo.

Y prométete a ti mismo que nunca, ni una sola vez, llevarás a tu hijo en coche sin utilizar el asiento.

123. Considera la posibilidad de comprar un coche más seguro.
Sí, me encantaba conducir mi viejo Karmann Ghia descapotable (naranja, apodado Calabaza) en mi época universitaria. Y sí, me sentí un poco conformista cuando tuve que andar en busca de un tanque usado o al menos de una camioneta de la Volvo. Pero tenía que ser sincero conmigo mismo: el propósito del

Ghia era atraer a las mujeres, de igual manera que el propósito de la camioneta es que tú y tu familia lleguéis sin contratiempos de un destino a otro. Además, pronto necesitarás espacio para cargarlo y transportarlo todo: desde las bicicletas hasta los palos de hockey.

124. Poco antes de la fecha prevista para el parto, ofrécele a tu mujer un bono de regalo para que le hagan la pedicura y la depilación a la cera de las piernas y las ingles.

Recuerda que si últimamente no se ha examinado bien en el espejo, quizá no se habrá estudiado la entrepierna ni las piernas ni los pies. No quieres que, cuando vea las fotos o el vídeo que has hecho en la sala de partos, dé un alarido, horrorizada por no haber estado adecuadamente acicalada. Deja que se estire y piense: «Estoy lista para mi primer plano, señor DeMille».

125. Llena las estanterías de la despensa con alimentos básicos para las próximas semanas.

Compra una buena variedad de comidas fáciles de preparar, como distintas clases de pasta y salsas, y haz que los platos resulten apetecibles. Acuérdate de que las comidas sean altamente nutritivas y bajas en calorías a fin de que tu mujer y tú recuperéis de nuevo una forma física óptima. No lleves de vuelta a tu mujer a una casa con la despensa vacía o te lanzará una mirada de «eres un inútil» que no olvidarás.

126. Compra un termómetro digital para la oreja (o diles a todos tus amigos que contribuyan con el dinero que habrían gastado en canastillas con peines y cepillos y así os regalen algo realmente útil).

Desde que era niño hemos enviado a un hombre a la Luna y hemos sacado el termómetro del recto del niño para ponérselo en la oreja. Ambos son logros significativos.

Practica ahora con tu mujer hasta que seas capaz de estirarle el lóbulo de la oreja e insertar correctamente el termómetro con un fácil y único movimiento; ten en cuenta que utilizarás este instrumento a las tres de la madrugada, cuando estés medio dormido. Acuérdate de ajustar su uso para niño o adulto. Sin duda, sacrificas un poco la precisión, pero también reduces la incomodidad del niño.

127. La ropa de bebé es cara y a tu hijo se le quedará pequeña en cuestión de semanas.

Llama a los amigos que tienen hijos más mayores para que te presten la ropa de cuando eran unos bebés. (Nota: lo más seguro es que a ti te importe menos que a tu mujer que vuestro hijo no vaya a la moda, especialmente cuando veas la etiqueta del precio de esas pequeñas prendas.)

128. Ve con tu mujer a visitar a varios pediatras (pero sólo aquellos que estén cerca de casa).

Cuando estés sentado en la sala de espera (buena práctica para todas las visitas subsiguientes), pregunta a otros padres sobre su experiencia con ese médico. Si habláis con seis o más padres y no escucháis comentarios elogiosos, id a la recepcionista, decidle: «Muchas gracias», y salid por la puerta. (Piénsalo. Cuando un pediatra te da un buen consejo médico que le ahorra a tu hijo más dolor, quieres correr calle abajo y gritar tus alabanzas.) Cuando os hayáis decidido por un determinado pediatra, preguntad a qué hospital está afiliado, cuántos doctores asociados trabajan en el equipo, cómo se puede contactar con él durante las horas que no tiene visita (las enfermedades tienen tendencia a aparecer fuera de las horas de consulta). Si vivís en una zona rural, preguntad si hace visitas domiciliarias (no hay nada mejor en medicina). Después preguntad en vuestra farmacia si es posible acceder al médico por teléfono para conseguir las recetas; si confiáis en vuestro farmacéutico, preguntadle directa y francamente por el médico que estáis considerando.

129. *Visitad la sala de recién nacidos de vuestro hospital.*

Este es uno de los grandes momentos de todo el embarazo: tú y tu mujer, a punto de dar a luz, mirando a través del cristal a una horda de recién nacidos. Si con esto no consigues darte cuenta de que es algo real, no lo conseguirás con nada. Mi mujer y yo casi no podíamos separarnos del cristal; era casi imposible creer que sólo en unas horas, días o semanas, miraríamos a nuestro propio bebé. Es un momento delicioso: nuevos padres y madres que andan lentamente por el pasillo; algunas madres todavía van unidas al suero intravenoso tras la cesárea. Todos los rostros reflejan un feliz agotamiento, nuevos abuelos y abuelas radiantes y agitados, amigos que aparecen repentinamente en la escena con ramos de flores y abrazos, y las pequeñas criaturas, la mayor parte de las cuales están dormidas, algunas con expresiones de dolor (léase: con gases), como si tratasen de descifrar su nuevo mundo, otras con los labios agradablemente fruncidos, todas ellas bien envueltas y con su gorrito. Si no le dices algo reconfortante a tu mujer, eres un completo idiota (expresa tanto sentimentalismo como quieras, ella no cuestionará tu honradez). Declárale tu amor y dile que aprecias en su justo valor lo que ha tenido que pasar para llevarte a ti hasta aquí, el penúltimo momento del embarazo. Ella lo recordará toda su vida, y años más tarde, cuando esté removiendo algo en una cazuela o haciéndose la manicura, de repente este recuerdo iluminará su mente.

130. Antes del nacimiento de vuestro hijo, pasa algún tiempo con otros padres y niños.

Te sentirás menos asustado cuando cojas a tu pequeño bebé en brazos. Observa a un padre (alguien a quien respetes) en acción: cómo toma a su hijo en brazos, y cómo juega y habla con él; cómo le cambia el pañal; cómo se relaciona con su mujer; cómo coordina sus esfuerzos con los de su mujer para atender al bebé. Más adelante, cuando necesites información y consejos, quizás incluso tengas un mentor a quien consultar.

Resulta interesante ver cómo algunos hombres que nunca comparten sus pensamientos ni sentimientos sobre cuestiones personales están dispuestos a compartir todo lo relativo a la paternidad. Una vez, yo estaba con dos compañeros viendo un partido de béisbol en el estadio de los Yankees; hacia el final de la tercera entrada, los Yankees ganaban por 11 a 0, y nosotros empezábamos a sentirnos como emperadores saciados en un festín romano, de modo que empezamos a contarnos lo que habíamos experimentado en la sala de partos. Nuestras batallitas. Pensé que en el estadio era mejor hablar en voz baja sobre este tema. Entonces sentí que alguien me tocaba el hombro. Era un padre que estaba detrás nuestro y que quería contarnos su propia experiencia con respecto al parto.

131. *Haz un cursillo sobre reanimación cardiopulmonar para bebés.*

Me asusté mucho cuando el instructor nos habló enfáticamente de una docena de incidentes en los que padres y madres habían puesto en peligro la vida de sus bebés por un descuido. En todos los casos, esos progenitores no habían comprendido que la vida es distinta una vez que ha nacido el bebé. Una toalla no es una toalla. El papel no es papel. El plástico no es plástico. El agua no es agua. La electricidad no es la electricidad. ¿Qué son? Instrumentos mortales en potencia. A esta táctica se la solía denominar «lavado de cerebro», pero sólo diré que en este caso la reprogramación es justificable. Tras unos pocos minutos miré a mi mujer. Su rostro estaba encendido y le temblaban las manos. Entonces frunció las cejas, se acercó más a mí y me susurró: «Parece que se te haya aparecido un fantasma».

Y de algún modo, así fue. Se me habían aparecido los fantasmas de todas las cosas que podían salir mal: en la vida, no sólo en el embarazo. Recordé el espantoso terror que había experimentado al ver por primera vez la secuencia de la ducha en *Psicosis*, pero eso sólo duró un minuto y este cursillo tenía una duración de tres horas y media.

Se parece mucho a una instrucción militar: él habla, tú escuchas. No se toman notas. Practicas con macabros muñecos de niños que se van pasando por toda la clase, de unos padres aterrorizados a otros. Cuando llegó el momento de soplar aire en los pulmones de juguete del muñeco, me pregunté si con mi ahínco haría reventar esos pulmones de plástico.

Pero el cursillo funciona y es necesario. Ocho meses más tarde, cuando nuestra hija gateaba por la espesa alfombra de un hotel de la costa oeste y movía su boca como si estuviese masticando algo, instintivamente supimos cómo hacer un gancho con nuestros dedos dentro de su boca para sacar de un tirón un trozo de vidrio. Y evitamos la posible catástrofe desde el primer momento. Después de asistir a este cursillo, resulta imposible darte la vuelta para coger una toalla si estás bañando a tu hijo en la bañera. Si la toalla está a tu espalda y no queda a tu alcance, llama a tu mujer para que te la dé. Recuerda: una toalla ya no es sólo una toalla.

La única cuestión es: ¿cuándo vas a hacer el cursillo? ¿Durante el último trimestre, cuando sabes que deberías hacerlo? ¿O en los primeros y ajetreados días de la paternidad, cuando sabes que debes hacerlo? Tú decides. Sea cuando sea, hazlo.

SI TODAVÍA NO LO HAS HECHO, INSTALA UNA ALARMA PARA EL HUMO O ANTIRROBO.

---

132. ¿Cómo se supone que debes reaccionar exactamente cuando ves que la abultada barriga de tu mujer sufre una metamorfosis en menos de un minuto y pasa de tener la forma de una suave pirámide a la de un cubo y después a la de un óvalo y a la de una pesa de gimnasia?

Estás convencido de que tiene que dolerle. Probablemente, desde la época de las cavernas, las mujeres les hayan pedido sin parar a sus compañeros que les pusiesen la mano sobre la barriga, y por lo general, en el mismo instante en que ellos retiran la mano es cuando el bebé da una patada o se da la vuelta. A algunos hombres les parece aburrido o irritante tener que esperar, y a algunas mujeres les parece irritante que su marido se irrite, y así, se inicia una espiral descendente en la comunicación de la pareja que acaba con acusaciones mutuas de generar estrés para el bebé.

Toma la iniciativa. Ponte de pie con tu barriga contra la de tu mujer o estírate a su lado a fin de poder sentir las patadas o los movimientos del niño. O ponle la mano sobre el vientre mientras estás en la cama leyendo o relajándote. Desde luego, sólo te harás una idea aproximada de lo que tu mujer puede sentir. Ciertamente nunca sabrás lo que sería tener un bebé dentro de ti. Pero le demostrarás tu interés a tu mujer.

133. «¿Quieres decir que no habéis tenido el bebé?» «¿Quieres decir que todavía no habéis tenido el bebé?» «¿Quieres decir que aún no habéis tenido el bebé?»

Aquí tienes cómo repetir este guión (o todavía mejor, cómo evitarlo). Tal vez quieras cambiar el mensaje grabado en el contestador automático por: «No, todavía no, aún estamos esperando (piiip)». Pese a las buenas intenciones de toda la gente, esta pregunta te está volviendo loco. No, todavía no habéis tenido el bebé, pero tu mujer y tú también os habéis dado cuenta. Tened paciencia. Recuerda que antes de haber experimentado el prodigio de un embarazo que se retrasa, vosotros también hicisteis esa misma pregunta.

Claro que otra posibilidad es la de optar por el procedimiento de la mentira inocente: durante nueve meses diles a todos tus amigos que la fecha prevista para el parto es dos semanas más tarde de la fecha verdadera. Entonces oirás: «Oh, se ha adelantado. Habrá sido un parto fácil», y tú te sonreirás a ti mismo.

134. *No sientas miedo cuando llegue el momento de actuar.*

A pesar de ti mismo, probablemente empezarás de repente a desear un poco más de tiempo antes de que nazca el bebé. Es un deseo irracional —e indudablemente reñido con la ilusión que tiene tu mujer de que llegue el momento del parto—, pero te resulta muy difícil conseguir que tu mente no desee ese retraso. ¿Por qué? ¿Tienes algún plazo que cumplir en el trabajo? ¿No estás preparado en el aspecto económico? ¿Te asusta la sala de partos? ¿Te preocupa que el embarazo sea una cosa fácil en comparación con la paternidad?

Esta última cuestión fue la que a mí más me preocupó. Me sentí como durante una pesadilla: de repente estaba mal preparado, como si hubiese estudiado para pasar el examen equivocado (el embarazo) cuando debería haber estado preparándome para otra cosa (la paternidad). Lo que temía era lo desconocido: noches en blanco cuando nuestro bebé tuviese dolor de oídos o fiebre, las peleas con otros niños que tenían lugar en el patio de mi mente… Entonces no sabía que ser padre era algo que me iba a encantar: ¿cómo podría haberlo sabido con seguridad? No sabía cuánto disfrutaría al ver el mundo a través de los ojos de un niño otra vez. Mi mujer me decía que lo haría bien; pero, ¿cómo diablos podía saberlo?

No te vuelvas loco durante esta fase: es natural. Actúa constructivamente y lleva a cabo tantas cosas como puedas. Repasa la habitación del bebé, llena los armarios de la cocina, habla con otros padres sobre el papel del hombre durante el parto…

135. *Hazle fotos a tu mujer mientras esté embarazada.*

Vestida. Desnuda. Estirada. De pie. Toma fotos halagadoras que enseñen la redondez de su abultada barriga. Utiliza una luz lateral suave a primeras horas de la mañana o a últimas de la tarde. Sin flash. Prueba con un carrete en blanco y negro, que resulta más adecuado para revelar la carne y el contorno, menos chillón y también menos detallado con las imperfecciones. Más adelante, te alegrarás de tener estas fotografías, y al verlas, ninguno de los dos creerá lo enorme que se puso.

Después enmarca una de las fotografías. Ponle un lazo y colócala en la mesilla de noche.

136. *Pasa a la segunda etapa: Rompe todas las fotografías poco halagadoras de tu mujer embarazada antes de que las vea.*

137. *Compra un regalo para tu mujer unas semanas antes del nacimiento de vuestro hijo (pero no se lo des todavía).*

Imagínate la escena: tu mujer está amamantando al recién nacido, el sol entra a raudales por la ventana, está agotada pero maravillosa y quieres expresarle tu gratitud por todo lo que ha tenido que pasar para darte esta inmensa alegría. Una joya nunca falla, pero recuerda que mientras siga reteniendo líquidos, el anillo no le irá a la medida. Una perla podría ser perfecta (aunque es cara), porque también ha pasado por un período de gestación. O busca un brazalete en el que puedas grabar la fecha y la hora del nacimiento de vuestro hijo. Esconde el regalo para que no tropiece con él por casualidad, y ten una tarjeta preparada, pero no la escribas todavía (espera a que haya pasado el parto y sientas la necesidad de derramar tus emociones sobre el papel). Toma nota en tu agenda para acordarte de darle el regalo, porque te sorprenderá ver la cantidad de cosas que olvidas durante esos primeros y frenéticos días, y lo último que deseas es que ella te insinúe que le gustaría que le hicieses un regalo.

138. Si ya tenéis un hijo, cómprale un regalo (de parte del recién nacido).

Quieres que este regalo sea un éxito seguro (si no lo es, constituirá un revés en las relaciones fraternales), de modo que busca un poco y compra algo que a tu hijo o hija mayor le ilusione de verdad. Envuélvelo, compra una tarjeta (que escribirás cuando sepas el nombre del bebé y conozcas su estilo de prosa) y esconde el regalo junto al que le vas a dar a tu mujer.

No te preocupes por el hecho de que tu hijo o hija mayor comprenda que esta criatura llorona y casi calva, que se pasa el día durmiendo y mamando, no salió corriendo con una tarjeta de crédito en la mano para ir a la juguetería y comprarle un regalo. Tu hijo o hija mayor sabrá reservar convenientemente un poco de racionalidad para este momento vital.

139. Prepara la maleta o la bolsa que tu mujer llevará al hospital unas cuantas semanas antes de la fecha prevista para el parto.

Cautívala pensando en todo lo que necesita: artículos de baño, chicles, calcetines y zapatillas, barra hidratante de labios, suficientes mudas de ropa interior, revistas, compresas, maquillaje, un conjunto para el bebé con su correspondiente gorro (para el sol o el frío), una mochila delantera y pañales. ¿Qué más? Un pequeño espejo (de cantos romos) a fin de que vea salir al bebé (si quiere). Su manopla para el baño preferida con la que puedas refrescarle la frente. Una caja con ocho zumos de frutas y una buena variedad de tentempiés que incluya alimentos de alto valor energético como barritas de cereales y frutos secos. Una bolsa aislante para conservar el frío con pequeños trozos de hielo. Algo ligero para leer con lo que sea posible romper la tensión en la sala de partos (no dependas de tu habilidad para contar cuentos, porque tal vez se haya esfumado). Tu agenda con los teléfonos de la familia y los amigos. Papel y bolígrafo. Monedas para la cabina telefónica. Después, añade a la maleta o la bolsa la correspondiente lista de cosas por hacer: a quién llamar para que se haga cargo de vuestro hijo o hija mayor, vuestro perro o vuestro gato, a quién notificárselo en el trabajo, a quién llamar para que te sustituya en caso de que necesites salir del hospital un rato o para que realice cualquier otra tarea esencial… Imagina que tu cerebro no funcionará, porque probablemente no funcione. Prepáralo todo a prueba de idiotas. Coloca la maleta o la bolsa bajo la cama, con la lista y el bolígrafo.

140. Prepara tu propia maleta o bolsa semanas antes de la fecha prevista para el parto.

Muchos hombres no soportan hacer su propia maleta, pero ahora no es el momento de que tu mujer, a punto de estallar, empiece a moverse pesadamente cogiendo las cosas de tu armario para hacerte la maleta. Llévate solamente la ropa de la que te gustaría deshacerte, ya que el alumbramiento es una experiencia algo chapucera: abrazarás a tu mujer a la vez que expulsa todo tipo de fluidos de su cuerpo, acunarás al bebé antes de que esos fluidos hayan sido limpiados y quizás cortarás el cordón umbilical sin ninguna garantía de que esos fluidos no saldrán disparados hacia tu pecho. (No te asustes: ¡todo te parecerá natural!) Como seguramente te quedarás a pasar la noche con tu mujer, pon en la maleta o la bolsa tus artículos de baño (acuérdate del desodorante por el bien de todos, y del enjuague bucal, pues la congestionada nariz de tu mujer podría descongestionarse y entonces haría comentarios sobre tu mal aliento), zapatos que te resulten muy cómodos (como el calzado deportivo para correr), distintas capas de ropa (para que puedas pasar del aire acondicionado casi polar de una sala al calor casi desértico de la siguiente), mudas de ropa interior (no es momento para picores), calcetines de recambio, pijama para la noche, tapones para los oídos para evitar que te despierten los avisos y las señales electrónicas del hospital, un libro o revistas y el libro de nombres en caso de que aún no os hayáis decidido.

Pon también en la maleta o la bolsa un pequeño casete y unas cintas de música relajante o de sonidos de la naturaleza que os resulten tranquilizadores, a fin de borrar los ruidos externos (y estresantes) del hospital. ¿Qué más? Tu cámara fotográfica y/o de vídeo. Llévate pilas de recambio. Pequeños regalos. Coloca todo esto en una pequeña maleta o en una bolsa que te puedas cargar al hombro para llevarla contigo a la sala de partos y después a casa cuando llegue el momento.

141. Qué no hay que llevar al hospital:

Joyas o relojes de valor, recuerdos personales, agendas telefónicas y dietarios que no hayan sido fotocopiados con anterioridad, ropa de calidad…: esencialmente cualquier cosa que echarías de menos en caso de perderla o que lamentarías que se estropeara. Mantén tu atención en tu mujer y en el nacimiento de vuestro hijo.

142. Organiza tu agenda de negocios a fin de que te permita permanecer en la ciudad desde unas semanas antes del nacimiento del niño.

Quizá tengas que sacrificar algunas oportunidades laborales, pero seguro que te ahorrarás tener que morderte las uñas intentando coger un avión para poder presenciar el nacimiento de tu hijo.

Antes de tener hijos, mi mujer y yo nos encontramos con dos hombres en la cola de taxis del aeropuerto de Newark. Uno de ellos llevaba el móvil pegado a la oreja; intentaba convencer a su mujer —de parto en un hospital de Boston— de que tenía que ir más despacio para que a él le diese tiempo a llegar. Había volado a Newark desde Miami, dado que no había plazas en los vuelos directos desde allí a Boston, y ahora, esperaba que le llegase su turno en la cola de los taxis. Después, tenía que dirigirse en taxi hasta La Guardia, en plena hora punta, saltar al primer tren que saliera hacia Boston y llegar a tiempo para el nacimiento de su hijo.

Le pregunté al compañero del hombre cómo su amigo se había visto metido en tal berenjenal. «Oh…, es que planeaban tener al bebé la semana próxima.»

Mi mujer se volvió hacia mí: «Si estuviera de parto en Boston y tú estuvieras en esta cola, sé a dónde te mandaría que te fueses».

Como gesto de buena voluntad, le ofrecí a este hombre nuestro taxi, pero él estaba ocupado pidiéndole con insistencia al médico que hiciese todo lo posible para que su mujer retrasase el parto, y no me oyó.

143. Paga todas tus facturas con antelación para no tener que ocuparte de ellas durante un tiempo tras el nacimiento del bebé.

Cuando estás en las nubes no hay nada como una factura atrasada o un cheque devuelto para agarrarte por un pie y devolverte violentamente de nuevo al suelo. Despeja un poco el camino con antelación a fin de permitirte una dosis de tranquilidad durante una temporada.

144. Pon un nuevo nombre a cualquier término técnico relativo al embarazo que te suene repulsivo: te sentirás mejor.

Yo no soportaba «tapón mucoso». Sonaba como algo que podías encontrarte en el suelo de los vestuarios de un equipo de béisbol. Personalmente, no quería poner mi pene en ningún lugar que estuviese cerca de un tapón mucoso. De modo que decidí referirme a él como el «tapón del nacimiento». Saqué la idea de Picasso, quien a veces retrataba a mujeres como si fuesen botellas de vino. «Tapón del nacimiento» me evoca sentimientos de euforia, embriaguez, desenfado y celebración: asociaciones bastante buenas. Comoquiera que lo llames, esta cosa ha evitado que los gérmenes lleguen a tu bebé formando un tapón en el cuello del útero. En ocasiones, se expulsa unos días u horas antes del parto. De modo que no te pongas histérico si tu mujer te dice que ha expulsado su «tapón del nacimiento». Pero llama al médico.

145. Si en el último período del embarazo pruebas accidentalmente la leche del pecho de tu mujer, no la escupas ni actúes de un modo ridículo.

Pero si te excita, no te entusiasmes hasta hacerle pensar a tu mujer que vas a competir con el bebé por su leche. Por otra parte, algunas mujeres quieren efectivamente que su pareja pase por la experiencia de probar su leche: bueno, al menos una vez.

146. Si corres al hospital por una falsa alarma, espera que tu mujer pueda sentirse como si hubiese fracasado.

Más que quejarte por lo cansado que estarás a la mañana siguiente, piensa en esta experiencia como si se tratase de un buen ejercicio preparatorio —un ensayo— para el verdadero momento. ¿Tenías preparada la bolsa? ¿Con las indicaciones pertinentes para el cuidado de tus hijos mayores o tus animales domésticos? ¿Se te olvidó cómo ir hasta el hospital? ¿Cuánto apoyo le ofreciste a tu mujer? Sé sincero contigo mismo: ¿Te pusiste como loco? ¿Desentonaste?

¡Recuerda —y recuérdaselo a tu mujer por enésima vez— que la fecha estimada para el parto es aproximada! Nadie cree realmente esta simple verdad. Si tu mujer cree que está fallando (tarde equivale a lento, que equivale a negligente), sentirá una ansiedad adicional, lo cual le provocará estrés. Y el estrés es el enemigo del parto. Toma el mando. Permanece en contacto con el tocólogo, quien, probablemente, sugiera que se haga una ecografía.

147. Probad con las relaciones sexuales para inducir el parto.

Funciona… en ocasiones. La oxitocina que hay en tu semen tal vez la ayude a empezar con las contracciones. Si juegas con sus pezones, puedes ayudar a su cuerpo a secretar las hormonas necesarias para el alumbramiento. Mis amigos Virginia y Tom lo probaron. «Fue difícil empezar», me contó Virginia. «Me sentía como un globo. Pero tan pronto como acabamos, empecé con las contracciones, llamamos al médico, metimos la maleta en el coche y nos dirigimos al hospital.» Pero tal como descubrieron otros amigos míos, Mark y Gabrielle, no existen garantías. Gabrielle tenía retraso y ya llevaba hospitalizada tres días cuando su médico le dijo que, si a la mañana siguiente no le habían empezado las contracciones, le induciría el parto con Pitocina. «Tenemos que probar con el sexo», le gruñó Gabrielle a su marido una vez que salió el médico. Pero ¿dónde es posible hacerlo en un hospital? Las puertas no tienen cerraduras. Aunque se corra la pequeña cortina alrededor de la cama, las enfermeras entran continuamente a hacer sus comprobaciones. No hay ningún lugar en el que esconderse… excepto el cuarto de baño. Mark y Gabrielle hicieron el amor en la ducha: ¡no es una hazaña desdeñable para una mujer que ha engordado casi treinta kilos durante su embarazo! Lamentablemente, eso no estimuló las contracciones, pero tampoco perdieron nada por probarlo.

148. Si todo falla, mirad Toro Salvaje.

Mi mujer se retrasó dos semanas en ambos embarazos, y en ambos casos, el tocólogo amenazó con inducir el parto al día siguiente. En ambas ocasiones probamos con las relaciones sexuales y luego nos estiramos en la cama y miramos su barriga para descubrir signos de contracciones, y en ambas ocasiones nos pareció como mirar un documental a cámara lenta de un caracol en equilibrio sobre una hoja: no ocurría nada. La primera vez, en un intento por distraer a mi mujer (y por distraerme a mí mismo), puse un vídeo de la película *Toro Salvaje*. Mi mujer se puso de parto de inmediato. Con el retraso del segundo embarazo, y otra vez después de que hacer el amor no produjese la inducción del parto, volví a poner *Toro Salvaje* medio en broma: mi mujer cumplió poniéndose inmediatamente de parto. ¿Quizá por asociación? ¿Existe alguna relación desconocida hasta la fecha entre los dramas pugilísticos y el parto? Nadie lo sabe...

149. Escucha a tu mujer (y sólo a tu mujer) si cree que está de parto.

(Aunque esté equivocada, harás méritos por creer en ella.)

Puede resultar tentador permitir que un auxiliar clínico te empuje hacia fuera con una cordial palmada en la espalda y con instrucciones de regresar más tarde, especialmente si éste es tu primer embarazo y tu mujer nunca ha ido de parto. No lo hagas. Las mujeres lo saben. Punto. Un amigo me contó lo que le ocurrió a una mujer que volvió a casa, en contra de sus sabios instintos, siguiendo el consejo del personal hospitalario. Cuando el marido paró el coche en el camino particular de la casa y se bajó, ella le dijo: «Cariño, vuelve a subir al coche porque estoy teniendo al bebé».

Lamentablemente, se encontraron con un atasco de tráfico y dio a luz en el asiento trasero. Condujeron hasta la entrada de urgencias, con el bebé todavía atado al cordón umbilical. ¡Resulta fácil imaginar la cantidad de disculpas que le ofreció el personal del hospital!

150. Nunca des por sentado que el segundo parto será tan largo como el primero.

El primer parto de mi amiga Jean había tenido una duración exagerada: cuatro o cinco horas de parto fácil, doce horas de parto más difícil, después la Pitocina, después otras doce horas; era suficiente tiempo para ir desde la Antártida a su hospital, en el noroeste de Connecticut. Pero cuando empezó el segundo parto y estaban a punto de salir de casa para ir al hospital, Jean se detuvo y dijo: «Volvamos adentro. Estoy teniendo al bebé». Su marido, Frank, se burló: «Tenemos tiempo. Estamos a veinte minutos en coche». «¡Estoy teniendo al bebé ahora!», gruñó ella. Frank llamó al personal auxiliar del médico. En unos minutos, quince enfermeras y parteras entraron como un enjambre en su sala de estar y Jean (con una manta que la cubría recatadamente) dio a luz a una niña.

151. Inventa tus propios métodos para calmar a tu mujer durante el parto.

Escucha a tu mujer y observa su cuerpo para conseguir alguna pista. En el primer parto de su mujer, Hamilton descubrió que nada la calmaba tanto como que él vertiera agua sobre su vientre antes y después de las contracciones mientras ella estaba sentada en la bañera. Así que cuando Laurie se puso de parto de su segundo hijo, él la metió bajo la ducha, fue a buscar una silla al jardín, la hizo sentarse bajo el chorro de agua y cronometró sus pulsaciones desde fuera de la mampara.

Cosas como ésta harán que a tu mujer se le humedezcan los ojos cuando las recuerde. Quizá no sea una silla de jardín bajo la ducha, pero descubrirás de qué modo es posible demostrarle tu amor a tu mujer durante el parto.

152. Has de saber que los perros reconocen cuándo ha llegado el momento del parto.

Mis amigos Marina y Caleb se encontraban debatiendo si había roto aguas o no cuando su perro, Muttley, saltó al sofá con Marina (algo muy inusual), empezó a lamerla con gran ternura (algo muy inusual) y la siguió hasta el baño (algo muy inusual). Después de que Marina se limpiara, Muttley olió el papel higiénico (algo muy inusual) y emitió unos aullidos agudos fuera de lo corriente (algo muy inusual). En el papel había una mancha rosa bastante transparente. Marina dijo: «Estoy segura de que he roto aguas», a lo que Caleb contestó: «No, no lo has hecho». Muttley gruñó sordamente. Casi de inmediato, Marina empezó a sentir unos calambres cada tres minutos, después cada dos minutos. «Estoy de parto», dijo. «Es una falsa alarma», insistió su marido. Mientras tanto, Mutley hizo de todo, salvo mantenerse en equilibrio sobre el hocico. Cuando finalmente Marina descolgó el teléfono, le dijo al médico: «¡Mi marido no se cree que esté de parto, pero mi perro sí!».

Dio a luz unas horas más tarde, durante la noche.

TOMA NOTAS DE LAS CONTRACCIONES DE TU MUJER. Escribe la hora en la que ha tenido la contracción y su duración para poder decírselo al médico. ¡Y conserva ese trozo de papel! Se convertirá en un emotivo recuerdo del embarazo para tu álbum. Tu mujer estará orgullosa de poder enseñárselo a su madre y sus amigas íntimas cuando intercambien las historias de sus respectivos partos.

---

153. Caballeros, pongan el motor en marcha.

Esto es. Se lo acabáis de notificar al médico y os ha dicho que vayáis al hospital. Respira profundamente y dile a tu mujer: «Eres fantástica» o «Te quiero» o «Lo estás haciendo de maravilla» o las tres cosas, y emprended la marcha.

Antes de salir, apaga la estufa, desconecta los aparatos que pueden resultar peligrosos, agarra su maleta y la tuya, revisa la lista de cosas por hacer, encuentra las llaves de la casa y del coche, toma a tu mujer del brazo y salid por la puerta. Ahora ciérrala con llave.

Si es invierno y tu mujer tiene que andar sobre hielo, extrema tus cuidados. Asegúrale que todo está yendo tal como lo habíais planeado. Si conduces, haz que se siente atrás: es más seguro y dispone de más espacio. Abróchale el cinturón de seguridad y dale un rápido beso. Si hace mucho frío y el coche no se pone en marcha, no te asustes. Llama a un vecino o a un taxi.

Conduce con cuidado. Conoces el camino (olvidarse de él no es más que un absurdo tópico). No aceleres aunque tu mujer llore porque está teniendo al bebé: no quieres poner en peligro sus vidas ni la tuya ni la de nadie. Por lo general, tienes más tiempo del que imaginas, y si por correr demasiado tienes una pequeña colisión, después, mientras el parto progresa con lentitud, repetirás tu estupidez interminablemente en la cabeza.

Sea como sea, no pierdas el control por pequeñas cosas como que el coche que está frente a ti espera demasiado para moverse aunque el semáforo ya está verde o tu mujer se asustará al ver que has perdido la calma que esperaba encontrar en ti durante el parto. Cuando llegues al hospital, conduce directamente al aparcamiento, coge la tarjeta de la seguridad social o de la mutua, guárdala en el bolsillo, abraza a tu mujer y dirígete hacia la sala de partos.

Si tienes que parar un taxi, no lo llames agitando angustiosamente los dos brazos a la vez o el taxista pasará de largo. Si hay varias personas haciendo señales de parada, y están antes que tú, explícales la situación. A menos que se merezcan ser encerrados en una prisión siberiana para el resto de su vida, tendrás el siguiente taxi. Una vez que estés sentado dentro, dile al taxista con un tono de voz sereno que conduzca con precaución, pero quizá no quieras decirle que tu mujer está a punto de tener un bebé por miedo a que se suba a unos cuantos bordillos más que de costumbre. Dale una generosa propina al conductor para que te dé buena suerte (y hazte cargo de que tendrá una gran historia que explicar a su próximo pasajero).

Cuando llegues al hospital, haz el ingreso con rapidez y acuérdate de hablar al personal hospitalario con un tono de voz calmado y uniforme… aunque tu voz haya subido una octava.

Así es: vas a controlarlo. De verdad.

Repite esta frase mentalmente: Lo contro-  lo.

Ahora haz tu siguiente respiración profunda. Ya casi has llegado: casi eres padre.

4
La sala
de partos

154. Cuando atravieses la puerta del hospital, advierte que hay una señal invisible cerca de la sala de partos que dice: *ESTÁS ENTRANDO EN LA CUARTA DIMENSIÓN.*

(La música que da vueltas en espiral es opcional.) El parto en sí es probable que parezca más largo o más corto de lo que verdaderamente es, pero no podrás medirlo en minutos, segundos u horas. Contarás con elásticas milésimas de segundos: cuando el bebé empiece a salir, cuando lo sostengas en tus brazos por primera vez, cuando el médico anuncie su sexo o cuando abraces a tu mujer por primera vez con tu cabeza pegada a la suya y las lágrimas (¿tuyas o suyas?) te corran por las mejillas y te salen la lengua. Quizás experimentes otros momentos que parezcan expandirse en el tiempo: miedos alarmantes o preocupaciones perturbadoras que hacen que los minutos se asemejen a días o años. La cuestión es que, cuando ya hayas pasado por esto, sabrás que el tiempo nunca volverá a ser el mismo. De ahora en adelante te enfrentarás a dos sentidos del tiempo simultáneamente: el tuyo y el de tu hijo, y menearás la cabeza al comprender que es el precio que tienes que pagar por ser padre. Permíteme repetirlo otra vez: Merece la pena.

155. Sé insistente y consigue una habitación apropiada.

Los hospitales son lugares frenéticos, y eso significa que reservar una habitación en ellos puede resultar más difícil que hacerlo en un hotel en Río durante el Carnaval. Mi amigo Hamilton y su mujer, Lauri, comprobaron con gran desmayo que les habían asignado una sin bañera. Cuando Hamilton insistió en que quería una habitación con bañera, le ofrecieron la trillada respuesta (de la cual se hace eco cualquier hospital): se trataba de una noche con un ajetreo poco común en cuanto a mujeres de parto (seguro que había habido algo en el aire nueve meses atrás) y todas esas salas ya estaban ocupadas. Hamilton sabía que su mujer se sentía aliviada con la sensación del agua corriendo sobre su barriga, de modo que insistió tanto en que necesitaban una bañera, que finalmente les dieron una que se parecía más a la suite de un hotel: con baño. No sólo sus esfuerzos merecieron la pena, sino que su mujer tuvo muy buenas razones para sentirse segura en sus manos.

La clave consiste en pedir. Insiste, pero sé educado.

156. Ya sea que el embarazo de tu mujer haya sido fácil o difícil, el parto la impactará —la dejará sin aliento, la sacudirá— de un modo que quizá no había previsto.

Al principio probablemente ambos os sintáis aliviados de que el final esté cerca. Pero a medida que los dolores del parto se hagan más frecuentes e intensos, su alegría inicial puede desvanecerse para ser reemplazada por un miedo cerval. Quizá te agarre por la muñeca, te mire fijamente a los ojos y te asombre con su *necesidad*.

Quiere verificar algo que ha visto en ti durante los últimos nueve meses: presencia de ánimo, claridad, estabilidad, fuerza interior. Está buscando al padre que hay en ti: el padre que es capaz de llevar a un hijo a la espalda o sobre los hombros. A la vez tiene que ceder ante los urgentes espasmos de su cuerpo y colaborar con esta erupción de fuerza corporal mediante sus empujones. Además de las técnicas de respiración que aprendiste (y tal vez olvidaste) en las clases de preparación para el parto, ahora tu principal responsabilidad consiste en tranquilizar a tu mujer. Dile que lo está haciendo maravillosamente. Intenta diferenciar los dolores normales del parto de cualquier otra cosa que debería ser atendida por el tocólogo. Tal vez te sientas poco preparado, pero debes decirte a ti mismo que el ritmo natural del acontecimiento te ofrecerá la información que necesitas, del mismo modo en que ahora informa a tu mujer.

Durante los primeros minutos del parto, comprendí que el alumbramiento era un acto mucho más físico de lo que había imaginado. Le hice una broma a mi mujer sobre lo alejadas que parecían las clases de preparación para el parto del hecho real (estuvo de acuerdo y me apretó la mano). Escuché atentamente las instrucciones de nuestra enfermera: «Tengo su pierna izquierda, tú tienes la derecha, ahora empuja cuando yo diga "tres"». Tras la espera, la preparación y la expectación, el nacimiento es inminente. Te encuentras a ti mismo en medio de una experiencia tan importante que resulta imposible no sentir temor. Cualquier cosa en tu vida parece tener una importancia secundaria comparada con este acontecimiento. Tus preocupaciones anteriores y la trivialidad de tus ocupaciones diarias pertenecen a ese otro individuo, el tú que existía antes de que entrases en esta sala.

157. Durante el parto, sé una conexión firme y digna de confianza entre tu mujer y el mundo.

Cuando llames a tus padres y tus suegros, sé preciso en la descripción del progreso de tu mujer, pero ahórrales cualquier detalle sangriento. Muéstrate seguro. Comprende su preocupación, y asegúrales que todo va según lo previsto. Concédete amplios paréntesis de tiempo para volver a llamarles con el fin de transmitirles las últimas novedades, recuérdales que no se preocupen si te retrasas en llamarles y no te olvides de decirles que tu mujer les envía su amor.

Nunca los llames durante un momento frenético. Una amiga me explicó que su marido llamó a sus padres para decirles: «Vamos a tener el bebé. Estamos en el hospital. Llamadnos. Nos encontraréis bajo el nombre de…». Entonces, no sólo les dijo a sus propios padres su nombre, ¡sino que incluso se lo deletreó! (Pero ¿lo deletreó correctamente?)

158. No trabajes en el hospital.

Ya estás trabajando, la estás ayudando con su parto. De modo que no te sientes en la silla de plástico del hospital para poner al día tu agenda mientras tu mujer está de parto, no hagas llamadas con el teléfono móvil (a menos que te encuentres en el vestíbulo para comunicar brevemente a la familia las últimas novedades) y no te impacientes por ningún detalle que en estos momentos esté fuera de tu control. Imagínate que eres tu mujer: estás despatarrado sobre una camilla para el parto; los ojos se te salen de las órbitas a causa del dolor, y allí está tu marido, atendiendo una llamada «urgente» de un colega. Dado que las hormonas que le corren por las venas a tu mujer se han multiplicado por mil y que ahora están mezcladas con la mitad de las existencias de estupefacientes del hospital, se imagina que el «colega» es una sabrosa muñeca rubia de veinticuatro años con enormes ojos, y sin compromiso, que resulta ser tu ayudante. Ahora tu mujer escucha en su cabeza lo que te dice la rubia: «Dime cómo es, caramba, cómo es, cómo… ¿Es doloroso tener un bebé?». El marido (¡Tú!) dice: «No… no tanto. Después de todo, yo estoy aquí», y lo único que tu mujer quiere hacer es alcanzar el objeto más cercano, pesado y afilado para arrojártelo a la cabeza.

Y aquí tienes el mejor argumento: Tu mujer les explicará a todas sus amigas (y a tu madre) la crueldad que demostraste en la sala de partos durante los próximos sesenta años de tu vida. ¿Te he asustado? Bien. Lo repito: Nada de llamadas de negocios con el teléfono móvil.

159. Has de saber que si tienen que inducirle el parto, puede resultar doloroso.

Puede doler más que un parto que empieza naturalmente —o eso es lo que dicen todas las mujeres— y es probable que a tu mujer le parezca como si su cuerpo hubiese fallado en el momento de cruzar la línea final. ¿Cómo funciona? El paso preliminar es hacerla romper aguas; en ocasiones eso empieza a mover las cosas. Si no, podrían administrarle Pitocina intravenosamente a fin de complementar la oxitocina que se encuentra en su flujo sanguíneo. El médico quizá le reste importancia a esta inquietante medida, pero ninguna amiga suya que haya pasado por lo mismo lo hará. Las mujeres tienen una profunda y resuelta fe en la sabiduría de su cuerpo, y sienten la Pitocina como una imposición sobre esa confianza.

Mi mujer se puso muy seria (más que en cualquier otro momento de los embarazos) en las dos ocasiones en que sus tocólogos amenazaron con inducirle el parto. Vi que un miedo desalentador aparecía en su mirada y que se le tensaba la piel. Casi de manera refleja provocó que su cuerpo se pusiese de parto. (¿Acaso es posible que el estrés posponga el parto? ¿Y puede ser provocado por el miedo?)

Si se lo tienen que inducir, tranquilízala al máximo.

160. Recuérdale que cuando las cosas se vuelvan duras, es el momento de pedir la epidural.

Olvida todas las promesas que ha hecho tu mujer con la mano en el corazón, mientras buscaba una Biblia por la casa, sobre tener un parto natural. Está el dolor, y después, está el dolor del parto. Por lo general, las mujeres creen que están acostumbradas al dolor debido a sus menstruaciones, pero para la mayoría, el dolor del parto está situado fuera de su mapa del dolor. Comprende que la epidural ahora es más efectiva. La segunda tocóloga de mi mujer nos comentó: «Hace años las mujeres perdían la cabeza. La medicación que se utilizaba para la epidural era casi alucinógena. Hoy en día las mujeres se sienten como seres humanos y de este modo se ha conseguido reducir la ansiedad de los maridos».

Si durante el parto le recuerdas a tu mujer que hizo la promesa de tener un parto natural, tu futuro bienestar estará en peligro. Es de esperar que, cuando tu mujer se ponga a bizquear por el dolor, suplique: «Calmantes». Dile: «¡Hecho!», hazle una señal al médico y transmite su orden.

161. No todas las epidurales son iguales.

Durante el primer parto de mi mujer, parecían administrarle los calmantes a intervalos, así que flotaba a través de crestas y valles de entumecimiento y dolor. Resultaba extraño ver cómo subía el medidor digital cuando su tocólogo o una enfermera le preguntaban qué sentía («nada»). Hubo un momento en el que hubiese podido tatuar una carta de amor en el muslo de mi mujer sin que ella lo notara. (Como bien puedes imaginar, éstas no son las circunstancias ideales para empujar a un bebé afuera.)

Transmitir el progreso que hace tu mujer al anestesista es un trabajo que te corresponde a ti. Mantén un tono amistoso, pero sé asertivo y transmite con precisión lo que piensa tu mujer (menos cualquier histerismo) a fin de obtener los mejores resultados.

La liberación de los calmantes durante su segunda epidural fue mucho más consistente y no llegó a perder el control motor: quizás esa fuese parcialmente la razón por la que tuvo un parto vaginal y no otra cesárea.

162. Estás en buena compañía: la mayoría de los hombres no soportan la visión de la sangre.

Supuestamente, a los hombres no les molestan los grandes derramamientos de sangre. En cualquier película bélica verás al héroe mirar fijamente una indeterminada mezcolanza sangrienta, sacudir la cabeza y decir: «¡Caramba, quién lo hubiese dicho!». Si hay alguna mujer cerca, atraerá su bonita cabeza hacia su pecho, protegerá sus ojos y le ofrecerá un pañuelo. El mensaje implícito es que la visión de la sangre no es suficiente para amedrentar a este muchacho.

Sin embargo, unos pocos nos sentimos desfallecer cuando vemos un poco de sangre: en un tampón tirado a la papelera del cuarto de baño o cuando nos hacen un análisis de sangre. ¿No será la sala de partos mucho, mucho peor?

De modo que haces la pregunta concluyente: ¿Tengo que estar en la sala de partos? No. Conoces tus límites y las expectativas de tu mujer. Pero, antes de perderte este momento crucial de la vida, plantéate si deberías darte un ligero codazo. Ésta es tu única oportunidad de presenciar el nacimiento de tu hijo. Intenta no perdértelo.

ENSÉÑAME A UN HOMBRE «EMBARAZADO» QUE NO TEMA A LA SALA DE PARTOS Y YO TE ENSEÑARÉ A UN MÉDICO.

---

163. Un recordatorio importante: no confundas otros fluidos con la sangre.

Algunos de los fluidos que salen a borbollones y que tú supones que son sangre son simplemente otros fluidos que están teñidos con sangre. El hecho es simple: la mayoría de los hombres no saben cuál es en realidad la apariencia de la sangre. Intenta distinguir entre los tonos más marrones y tostados (los de la sangre mezclada con otros fluidos) de los rojos vívidos (los de la sangre pura). Toda esta confusión puede conducir a un hombre al pánico y a creer que su mujer morirá a causa de la hemorragia. Resulta fácil olvidar que su cuerpo ha previsto la pérdida de sangre y ha producido un excedente con antelación. Si estás preocupado, háblalo con el tocólogo.

164. Déjate llevar por el flujo de los acontecimientos.

Has de estar pendiente de las señales que podrían indicarte qué es lo que debes hacer a continuación, y no compares constantemente su parto con la coreografía del parto que has estado viendo en tu cabeza. Cada nacimiento es único.

165. No le digas que sabes cómo se siente.

¡No lo sabes! Nada la fastidiará tanto como que la arrulles dulcemente y le digas: «Oh, bomboncito, sé exactamente cómo te sientes…». *¡Plaf!* (Eso es el objeto más cercano golpeándote la cabeza.) Tu mujer sabe que es pura palabrería. A ella le duele incomparablemente más de lo que te duele a ti. A ella le duele de verdad: tú sólo te encoges. Ella intenta comprender lo que le está ocurriendo a su cuerpo; o bien el dolor es insoportable porque no le han administrado calmantes, o el dolor ha sido tan amortiguado por los calmantes que no siente nada y se pregunta por qué. Piensa en ello: el dolor resulta extrañamente huidizo, y es imposible acorralarlo porque se transforma a sí mismo de manera continua y cambia de aspecto y de lugar.

Ninguna mujer sabe el tipo de dolor que está a punto de soportar. En contra de su mejor juicio, ha escuchado furtivamente las batallitas de otros partos mientras le hacían la manicura o se cambiaba en el gimnasio. Estos rumores le han dado vueltas en la cabeza durante meses. Está medio convencida de que será capaz de enfrentarse al parto, y medio convencida de que no lo será, e intenta asimilar lo que escucha: «No hay nada igual». No puede. Tú tampoco. Es más, después ninguna mujer es capaz de describir el dolor con precisión sin buscar torpemente las palabras adecuadas, para acabar con: «intenso», «pavoroso», «increíble», «indescriptible» o el verdaderamente vago «malo, malo, malo de verdad».

Nunca sabrás qué se siente. Punto.

166. No le exijas recato a tu mujer.

Sin duda, querrás cubrirla cuando la lleven en la camilla a lo largo de un pasillo, completamente expuesta a las miradas de una docena de estudiantes de enfermería. Pero a ella no va a importarle: está empujando con tanta fuerza que se le rompen los capilares de los ojos. De modo que, ¿por qué tendría que importarte a ti?

Para algunos hombres, uno de los aspectos más desconcertantes del parto es que resulta tan íntimo y a la vez tan público. No te atormentes por la desnudez de tu mujer: contémplala como un triunfo sobre la conformidad de cada día. Si eres capaz de hacerlo, ríete entre dientes por lo anormal que la vida «normal» suele ser.

167. Si nada más funciona, sugiérele la ayuda de la gravedad.

Con el consentimiento del médico o de la enfermera, levanta a tu mujer de la camilla de parto para que se acuclille en el suelo. Algunas mujeres tienen una fe ciega en esta postura, y tiene sentido. No tengas a tu mujer empujando cuesta arriba. Intenta que el bebé se deslice hacia abajo.

168. Has de saber que una episiotomía no es tan mala como parece..., pero tiene mal aspecto.

Has superado la mayor parte de las labores del parto triunfalmente. Has ayudado a tu mujer, has visto la coronilla del bebé, has abrazado a tu mujer y le has declarado tu amor por ella y por vuestro hijo... Entonces llegan los rápidos tijeretazos de la episiotomía seguidos por una profusión de sangre. Quizá te lamentes porque tu bebé no haya salido sin dañar la vagina de tu mujer («sólo con que hubiéramos esperado un poco más...»).

Te preguntarás si la vagina de tu mujer (y tu vida sexual) acaba de ser sencillamente destruida, pero deberías saber que una episiotomía hecha a tiempo puede salvar los músculos vaginales. Intenta relajarte (no, no es una orden fácil de cumplir). Y no mires a tu mujer cuando el médico le vuelva a unir la vagina con puntos de sutura: realmente es una imagen muy impactante (lo sé; yo miré).

¿Está disgustada tu mujer por la episiotomía? Si la han anestesiado, ahora no lo estará demasiado, pues no puede ver ni sentir los tijeretazos, pero después, en la sala de reanimación, lo estará. Y más tarde todavía, cuando su vagina ya se haya curado, probablemente no le entusiasme la cicatriz de la herida. La verdad es que a ti quizá te moleste más ahora, en la sala de partos, pero seguro que a ella le molestará más después. Es una cuestión de vanidad: ella nota la cicatriz cada vez que se toca.

Cuando más adelante te pregunte si notas los puntos de la episiotomía, tu respuesta ha de ser, claramente, *no*.

169. Decide con antelación si quieres cortar el cordón umbilical.

No titubees cuando el médico te pregunte: «¿Le gustaría cortar el cordón?». Mucho antes comunícale a tu mujer lo que prefieres hacer y pregúntale su opinión al respecto. En este gesto hay un simbolismo innegable: cortas la dependencia completa que tiene el bebé de su madre y reconoces su estado de separación. A algunos hombres no podría interesarles menos; otros disfrutan de ello.

Aquí tienes las preguntas que probablemente te estén frenando: ¿Saldrá sangre? (Incluso después de que el médico sujete el cordón presionándolo adecuadamente, es posible que salga un rápido chorro de sangre, pero nada importante.) ¿Podrías cortar accidentalmente otro apéndice? (No es probable.) ¿Se te podría escapar el instrumento y cortar a tu mujer? (No es probable.) ¿Te cortarás a ti mismo? (No es probable.) ¿Te desmayarás? (No es probable.) ¿Te repelerá la sensación de atravesar la carne humana? (No es probable.) ¿Será menos significativo en ese momento que ahora, cuando dudas si hacerlo o no? (Muy probable.)

170. Decide anticipadamente si quieres inspeccionar la placenta de tu mujer.

La primera vez que tuvimos un hijo, sentíamos curiosidad por observar larga y atentamente aquello que lo había alimentado. Se lo habíamos notificado a todos los ayudantes de la sala de partos; una enfermera recogió la placenta en una jofaina plana, y con la ceremonia generalmente reservada para sacar el pavo en la comida del día de Acción de Gracias, se encaminó hacia donde estábamos mi mujer y yo con nuestra hija. Pero tropezó, volcó la bandeja y la placenta cayó con un ruido apagado al suelo, manchándolo y desparramándose como un huevo frito al que se le ha roto la yema. «¡Ay!», dije. La avergonzada enfermera pasó una considerable cantidad de tiempo recogiéndolo todo.

171. Haz algunas fotos rápidas, pero no te pierdas la experiencia por estar demasiado ocupado documentándola.

Sin flash, por favor; no quieres que el tocólogo vea estrellas. Si tu cámara no es automática, prepárala con la abertura más baja del diafragma y un sesentavo de segundo (un treintavo sólo si eres un tipo tranquilo y el tocólogo es tranquilo y tu hijo es un bebé tranquilo). Si te llevas una cámara de vídeo, recuerda que no vas a convertirte en el próximo gran director.

No mantengas la cámara de vídeo pegada a tu ojo. El bebé sale fuera sólo una vez. No lo estropees preocupándote por el grado de abertura o las pilas de la cámara de vídeo. Míralo con tus propios ojos. Permite que cada detalle penetre en tu mente y en tu alma. Sólo muy de vez en cuando mirarás las fotos o los metros de cinta de vídeo, pero la realidad la llevarás contigo como una instantánea mental durante el resto de tu vida.

QUÉ NO HACER EN LA SALA DE PARTOS:

1. No digas nunca: «¿Por qué hemos venido con tantas prisas?» o «¿Por qué me he tenido que dar tanta prisa para venir aquí?» cuando el parto de tu mujer sea más lento de lo que ella había previsto.
2. No restrinjas las imprecaciones de tu mujer. Te lanzará una rápida barrera de fuego llena de obscenidades, todas dirigidas a ti.
3. No le digas a tu mujer que puede soportar el dolor sin calmantes si ella no lo desea.
4. No crees desorden. Las mujeres no lo soportan cuando están de parto.
5. No entables conversaciones de negocios ni entregues tarjetas de visita o de la empresa, ni tan siquiera le digas a nadie cómo te ganas la vida. Nada de buscas ni de teléfonos móviles.

6. No lleves bolsas con comida a la sala de partos. Nada de bocadillos, patatas fritas, donuts o galletas para el héroe.
7. No te escondas detrás de la cámara.
8. No le grites al tocólogo o al personal del hospital (salvo que ella quiera que lo hagas).
9. No te rías cuando quieras llorar. Aunque sea por nerviosismo, tu mujer no entenderá tu falta de oportunidad.
10. No monopolices al bebé (el síndrome contrario al de ser reacio a cogerlo en brazos). No hagas que tu mujer diga: «Perdona, ¿podría coger yo también a nuestro hijo?».

172. Intenta que el tocólogo dé lo mejor de sí mismo.

De acuerdo, aquí está mi batallita. El primer parto de mi mujer duró treinta horas, contando las horas de las primeras contracciones, que fueron casi indoloras. En el hospital, las enfermeras de la sala de partos eran serviciales y nos sentimos enormemente agradecidos. Sin embargo, más tarde, durante el parto, el tocólogo regañó a mi mujer: «¡No está empujando! ¡Nos está haciendo perder el tiempo a los dos! ¡Es usted una endeble!». Lanzó sus guantes de goma al suelo y se encaminó majestuosamente hacia la puerta. «Cuando se decida a empujar, volveré», dijo al despedirse. Durante la última hora, su tono había sido alternativamente beligerante, malhumorado, fatigado y grosero.

«Su tiempo…», murmuró mi mujer. «¡Le pagan muy bien por su tiempo!»

Me sentí como si de repente hubiese sido arrojado a una película de los años cuarenta. «¡Un momento, buen hombre!», diría, señalándole acusadoramente con el dedo. «¡Esta mujer a la que usted está denigrando es mi mujer y no se lo voy a tolerar! ¡Salgamos afuera y resolvamos la cuestión de hombre a hombre!»

Pero no se trataba de una película. Era la vida real, y el bienestar físico de mi hijo y de mi mujer estaba comprometido. Aunque yo sabía que él estaba intentando utilizar algún tipo de táctica pseudopsicológica y de cosecha propia a fin de encender un fuego bajo mi mujer, no funcionó. Sus emociones pasaron rápidamente de «¡Que se jorobe ese bastardo!» a «Estoy hundida…», «Nos ha abandonado…», «¿Qué vamos a hacer?» y «¿Qué vas a hacer?».

Perseguí al tocólogo. Mantuvimos una rápida conferencia en el pasillo en la que defendí la capacidad de empujar de mi mujer, sugerí que dejásemos la disputa atrás, le pregunté si era posible que la anestesia la estuviese despojando de su control muscular y le dije que esperaba que nos ofreciese su consejo para saber qué podíamos hacer a partir de ese momento. Hice las paces con sus sentimientos heridos (¡los suyos!), nos dimos la mano y decidimos que todos nos volvíamos a poner al trabajo.

De vuelta a la sala de partos, me sentí secretamente complacido porque su larga pasión por el médico había terminado de golpe. «Después de esto no quiero volver a verlo nunca más», dijo con los dientes apretados. «De acuerdo, está despedido —le susurré—, pero ahora tenemos que ocuparnos de un pequeño detalle: conseguir que dé lo mejor de sí mismo. Vamos a aparcar la cuestión de su despido de momento.» Estábamos juntos en ello, solos contra el mundo (¡tal como nos gusta a los maridos!).

Su tocólogo regresó, analizó el progreso de mi mujer y sacudió la cabeza de un modo que no auguraba nada bueno. «Todavía no hay progreso», dijo con resignación.

«Queremos su consejo médico», le dije. «¿Qué deberíamos hacer?»

Una cesárea. Nos comunicó que teníamos veinte minutos mientras preparaban la sala. «Descansen un poco», nos dijo. Me indicaron que me apartase; entonces me acurruqué en el suelo, a los pies de la cama de mi mujer, y me dormí inmediatamente; no he dormido de un modo más profundo en toda mi vida. Cuando me desperté, mi mujer tenía un aspecto totalmente abatido. Obviamente estaba pensando… en la cesárea. «No has fallado», le dije. «Realmente lo has intentado. No podíamos adivinar que pasaría esto.»

Primero la prepararon, y después el médico me advirtió que no mirase e hizo que me colocase cerca de la cabeza de mi mujer. Corrieron una pequeña cortina a fin de que no pudiera ver más allá de la parte superior de su barriga. «No miras, ¿verdad?», me preguntó mi mujer en susurros, pero yo sí lo hacía; era como si hubiese superado mis miedos médicos justo en el momento adecuado. Asombrosamente, la cesárea fue preciosa, hasta tranquilizadora, y sorprendentemente rápida: quizá duró cinco minutos de principio a fin.

Entonces llegó el primer llanto; después, una voz nos comunicó que teníamos una hija sana; luego, la mano de mi mujer apretó la mía; seguidamente, me acerqué para que me pusiesen al bebé en brazos. Y después, un tifón de emociones: de alivio y de alegría y a la vez una sensación parecida a una experiencia extracorporal en la que yo salía fuera de mi cuerpo para verlos a todos y sentía un inmenso amor por mi mujer y por nuestra hija y también gratitud hacia todas las enfermeras y los médicos cuyos nombres ni siquiera conocía y que, cubiertos con batas, nos sonreían con los ojos y la boca ocultos tras las máscaras.

Me quité de un tirón la bata del quirófano a fin de acurrucar la cabeza del bebé en mi pecho. Tras nueve meses, esperaba que pudiese escuchar mi corazón, oler mi aroma y sentir las vibraciones de mi voz. No podía esperar a que llegase el momento de estar juntos fuera del hospital, lejos de las pruebas, los distintos procedimientos médicos y las formalidades. Se trataba de un amor completo e incondicional.

No soy capaz de imaginar perderse el primer instante de la vida de un bebé. Es curioso: haces un gran esfuerzo en tu relación de pareja para ponerte al día de todo el tiempo perdido antes de que tu mujer y tú os conocieseis, pero el nacimiento de vuestro hijo te ofrece la oportunidad de empezar desde el principio más absoluto, de comenzar vuestra historia juntos. Ahí, en esa sala esterilizada, bajo la blanca e intensa luz médica, me conecté para siempre con la vida de mi hija. Supe que nunca más volvería a ser el mismo.

173. *Recuerda que no hay dos nacimientos iguales.*
El segundo alumbramiento de mi mujer fue como una brisa. Algunos dolores de parto, algunos empujones, pero nada demasiado agitado. Mientras ayudábamos a mi mujer a lo largo del parto, su tocólogo y yo empezamos a discutir sobre el partido que habían jugado los precisos y meticulosos Chicago Bulls contra los luchadores callejeros del New York Knicks. En un momento determi-

nado, mi mujer dijo: «¡Esto es tan estrafalario! ¡Ni tan siquiera me parece un parto!» Con amables consejos y ánimos (sin peleas ni acusaciones ni estados de ánimo estridentes), mi mujer dio a luz de forma natural seis horas después de nuestra llegada al hospital. Casi me sentí como un ejército que ha entrado en territorio enemigo sólo para oír que la guerra ya se ha acabado. De este modo, pudimos dedicar toda nuestra atención a nuestro vivaracho, alborotador y recién nacido hijo.

174. Haz que los primeros instantes después del nacimiento de vuestro hijo cuenten.

Mientras tu mujer todavía está destrozada a causa del parto e intenta recuperar el aliento tras lo que ha sido el asalto más devastador que su cuerpo ha conocido jamás, tú estarás perfectamente alerta.

Detente y respira: es probable que hayas estado conteniendo parcialmente la respiración durante horas. Crea un círculo emocional alrededor de tu mujer y tu hijo. Ella puede o no puede querer que la abraces y la beses mientras la están cosiendo, ya sea por un parto vaginal o por una cesárea, pero empieza por darle la mano.

Cuando le preguntes cómo se siente, no te sorprendas si parece que su recuerdo del parto haya sido total y completamente borrado. Tal vez ésta sea la manera que tiene Dios de que las mujeres tengan más de un hijo. Mi mujer, agotada pero deslumbrante, susurró: «Tengamos otro», mientras todavía la estaban cosiendo.

Intenta permanecer en el momento; no permitas que los procedimientos médicos te consuman. Yo no estaba del todo preparado —en ninguna de las dos ocasiones— cuando el bebé me fue arrebatado de mis sustentadores brazos para ser enviado a pasar una batería de pruebas y recibir una serie de medicaciones. Quise gritar: «¡Eh, ese es mi hijo! ¡Llévelo con cuidado!», pero cuando estás en un hospital tienes muy pocas elecciones, de modo que recuérdate a ti mismo que cada procedimiento le procura unos sólidos beneficios médicos a tu hijo.

Presta una cuidadosa atención a tu bebé durante esos primeros minutos de vida. Grábate la imagen de tu hijo en la mente; la recordarás durante el resto de tu vida. Años después, a menudo recuerdo esos primeros momentos. Cuando ahora veo a uno de nuestros hijos hacer una travesura, mirar cómo se pone el sol en el océano o subir a un tobogán, me acuerdo de sus primeros gestos, expresiones, reacciones o actitudes. Lo subrayaré de nuevo: Cuando tu hijo nace, todo ya está ahí, de modo que no descartes ningún instante como si se tratase de un preámbulo sin trascendencia.

175. No te sientas ridículo cuando cuentes los dedos de las manos y de los pies de tu bebé.

176. ¡No seas reacio a coger a tu hijo en brazos!

El segundo tocólogo de mi mujer me comentó: «La mayoría de los maridos se dirigen directamente a su mujer. Existe una timidez hacia el bebé». Quizá no estés acostumbrado a coger a una diminuta y escurridiza criatura y no quieras parecer un torpe jugador de fútbol americano intentando asir una pelota de cuero mojada por la lluvia. Pero cuando la enfermera te entregue el bebé, permítete el placer de disfrutar de uno de los mejores instantes de tu vida: el primer abrazo. Sé tierno pero firme. Pon la pequeña cabeza de tu bebé sobre tu enorme corazón. Has escuchado los latidos de su corazón durante meses; deja que tu bebé escuche los tuyos.

Ahora acerca el niño a su madre, tu mujer.

177. Estáte ahí para tu mujer y tu hijo, te cueste lo que te cueste.

Un amigo me contó: «Mi mujer todavía estaba temblando. Yo sujetaba sus manos mientras limpiaban a nuestra hija, que lloraba como una loca. "¿Qué es ese ruido?", preguntaba mi mujer sin cesar. "Es nuestro bebé", le dije. "Bien, ¡pues dile que se calle!"». Mi amigo se volvió hacia su hija para consolarla. «No, ¡no me dejes!», gritó su mujer. De modo que, como se encontraba entre su mujer y su hija, estiró los brazos para darles una mano a cada una de ellas. El médico los miró y dijo: «Rápido, tenemos que hacer una foto para publicarla en la portada de la revista *Obstetricia*».

NO HAY NINGÚN HOMBRE QUE SALGA DE LA SALA DE PARTOS SIENDO EL MISMO QUE CUANDO ENTRÓ.

---

178. Has de saber que los niños que nacen por parto vaginal no son particularmente guapos.

Cuando ves a un recién nacido de verdad comprendes que los «recién nacidos» que salen en las películas son en realidad bebés de tres semanas con el cabello bien peinado y la piel limpia y cuidada. He aquí el aspecto de tu recién nacido: su rostro está contraído, las orejas parecen estar pegadas hacia atrás, está cubierto por una amplia gama de sustancias, tiene pequeños granos que te recuerdan a tu propia piel en el peor día de la adolescencia, quizá tenga algunas magulladuras ocasionadas por los fórceps, sus ojos están hinchados, sus genitales están también hinchados y enrojecidos, y tiene una fina capa de vello que le cubre la espalda y los hombros. De hecho, se parece más a ti en una mañana particularmente mala que al precioso y pequeño fardo que el médico del reparto entrega a la resplandeciente mujer en las películas.

Y aquí está la parte realmente más asombrosa: creerás que tu hijo es la criatura más bella que ha nacido jamás. Tu bebé es tuyo. Es perfecto: no sólo sus dedos, sus costillas y sus pies, sino todo lo que hay en medio.

Y ya que estamos en ello, olvídate de las estúpidas bromas de que todos los bebés se parecen a un Winston Churchill en miniatura, etc. Invierte el cliché y dile a tu mujer: «Sería capaz de distinguir a nuestro hijo a una distancia de cien metros». Te amará por ello.

179. Nunca digas «mi hijo». (Di siempre «nuestro hijo».)

Realmente herirás los sentimientos de tu mujer con este desliz de utilizar el pronombre en singular. Métetelo en la cabeza: por primera vez en tu vida, estás compartiendo algo de verdad.

180. Espera sentirte incómodo o incluso ansioso cuando se lleven a tu hijo a la sala de bebés.

Además de sentir que me robaban a mi hijo, también experimenté una serie de pensamientos paranoicos y grotescos que retumbaban, uno detrás de otro, en mi cerebro. ¿Tomaría el hospital las precauciones adecuadas para identificar a mi hijo como nuestro? ¿Le darían la medicación correcta? (¿No lamentas haber visto las noticias de las once?) ¿Por qué debía confiar a mi hijo a unas enfermeras que no conocía? ¿Pensaría nuestro bebé que lo habíamos abandonado?

Aquí está la belleza de lo que ha ocurrido: has cambiado; tu relación con el mundo ha cambiado; eres padre. Sabes que los médicos, las enfermeras y todo el personal hospitalario están ahí para ayudarte, pero rápidamente se convierten en personas que impiden a vuestro pequeño núcleo familiar permanecer unido. Tiemblas cuando ves llorar a tu hijo o cuando un médico o una enfermera le hace una prueba. Quieres arrebatarles a tu bebé de las manos a fin de abrazarlo y tranquilizarlo hasta que se vuelva a sentir cómodo.

Aquí tienes otra verdad: quieres que tu hijo viva en la utopía de la que tú nunca pudiste disfrutar. Por supuesto, no puedes conseguir que esto suceda. El mundo es el mundo y está lleno de equivocaciones, desaciertos, injusticias y sufrimiento. Quieres proteger a tu hijo de todo eso, y sólo unos segundos después de su nacimiento, ya sabes que ese sueño tan elevado nunca podrá ser realidad.

Esto no significa que, si las normas del hospital lo permiten, no puedas quedarte con tu hijo todo el tiempo hasta que volváis a casa. Habla con la enfermera jefe y averígualo antes de ir al hospital.

181. Has de saber que algunos hombres no sienten una fuerte identificación con su hijo recién nacido.

En parte, esto es así debido a lo dependiente que el recién nacido es de la madre a causa del amamantamiento, pero también influye el hecho de que duerma poco, llore y mame. Hay hombres que no disfrutan verdaderamente de su hijo hasta pasado un tiempo, cuando ya es capaz de andar, hablar o jugar. Si no disfrutas de tu hijo recién nacido tanto como habías esperado, no abandones.

, Disfruta de las pequeñas cosas. Coge a tu hijo en brazos a menudo. Huele su piel. Coge su pequeño puño. Siente los huesos de sus brazos y de sus piernas. Sigue la línea de su columna vertebral a lo largo de su espalda. Lo que resulta extraordinario es que todo está ahí. Piérdete en ese pensamiento en lugar de dejarte arrastrar hacia las obligaciones de la vida, del trabajo. Todo lo demás puede esperar. En este momento lo mejor que puedes hacer es admirar a tu bebé. Concédete tiempo.

182. Disfruta viendo cómo duerme tu hijo desde la ventana de la sala de bebés.

Yo estaba absolutamente inmovilizado —los pies pegados al suelo, boquiabierto— mientras observaba cómo funcionaban sus pulmones, cómo aleteaban sus párpados (¿por un sueño?), cómo succionaba con sus labios como si estuviese mamando, todo lo cual me indicaba quién era mi hija. Sentí de qué modo me henchía interiormente —algo común en los padres recientes— como si estuviese a punto de estallar de orgullo, una presión creciente, un desgarro en algún lugar próximo al corazón. No luches contra este sentimiento: es maravilloso.

Y disfruta de la ironía. Observa con atención a los futuros padres y madres durante las horas de visita. Yo no pude evitar sonreírme a mí mismo cuando pensé que, hacía tan sólo unas semanas, había sido una de esas personas y que me había quedado mirando fijamente a un padre orgulloso y cansado preguntándome: «¿Cómo puede parecer tan feliz cuando obviamente acaba de pasar por la máquina de centrifugar?». ¿Conoces esa sensación que se experimenta cuando acabas de ver una gran película y quieres anunciar a la larga cola de gente que espera para entrar: «¡Es fantástica! ¡Merece la pena hacer cola!» Así es como me sentía yo.

183. *No pierdas los estribos con el personal del hospital.*

La comida está cinco grados por debajo de los tentempiés de cualquier compañía de aviación, tu mujer ha estado presionando el botón de «llamada» para ir al lavabo hasta que se le ha puesto morado el pulgar o la cama eléctrica se ha atascado y la sangre no le llega a los pies. En lugar de plumas parece que las almohadas estén rellenas de patos enteros, el efecto de los calmantes se ha desvanecido y ya hace demasiado tiempo que el niño está en la sala de los bebés. Además, hay tantas flores marchitas en la habitación que tu mujer se siente como si estuviese presa en una floristería de mala calidad. Al ver todo esto, sientes una gran agitación. Quieres proteger a tu mujer y a tu hijo y oyes cómo suenan las sirenas en tu cabeza: Todos los hombres a sus puestos de combate. Se te enrojecen las orejas, la sangre te sube a la cabeza, emprendes tu marcha hacia el puesto de enfermeras y disparas.

Craso error. Cuando acometas tu Primera Pelea tras el Nacimiento (un acontecimiento relacionado con la Primera Pelea tras el Compromiso, la Primera Pelea tras el Matrimonio, etc.), no sólo te enemistarás con el personal hospitalario, sino también con tu mujer. De acuerdo: de algún modo, en algún lugar de tu mente albergabas la fantasía de que después del nacimiento de tu hijo, quizá no os volveríais a pelear más dado que, más que cualquier otra cosa, lo que tu mujer quería era un bebé. Pero a pesar de sus quejas, tu mujer sabe que ella y el niño todavía dependen de toda esta gente. Y tú también.

Saca el mejor partido del personal del hospital. Siempre que salgas a comprar comida, pregunta qué puedes traer. Aunque te digan: «Nada», trae alguna cosa de todos modos. Comprende que las enfermeras están mal pagadas, tienen demasiado trabajo y están poco valoradas. Ofrece una propina generosa y un bien merecido elogio a las enfermeras más serviciales. Di: «Quiero que sepas cuánto apreciamos todo lo que estás haciendo». Entonces, cuando aprietes el botón de «llamada», entrarán cinco enfermeras corriendo.

184. La disposición de la circuncisión de tu hijo (si ésa es tu elección) es responsabilidad tuya.

Si has decidido que lo vas a hacer cincuncidar, la pregunta que te atormentará será ésta: ¿Le dolerá? Sin duda: gritará y llorará a pleno pulmón con los decibelios más altos que hayas oído hasta la fecha.

La idea de un cuchillo afilado cerca de los tiernos órganos de mi hijo me hizo temblar intensamente. Y no soy el único. Mi amigo Roy me comentó que, en realidad, él esperaba que su segundo hijo fuera una niña para evitar la cuestión de la circuncisión. Le dio vueltas y más vueltas al tema hasta que, finalmente, lo consultó con su rabino. «En la misma cantidad de tiempo que utilizamos para discutirlo, la cosa ya está hecha y liquidada», dijo el rabino.

¿Cómo se elige la circuncisión adecuada? No en el *Consumer Reports* [Informaciones para el consumidor]. No existen cartas de consumidores satisfechos, fotografías de los resultados conseguidos ni elogios de las mujeres treinta años más tarde. ¿Cómo lo decides? Pídele su opinión al tocólogo. Nosotros decidimos que la circuncisión de nuestro hijo la realizaría un especialista en el hospital. Cuando llegó el momento de practicarla, nuestro hijo estaba mordisqueando atolondradamente el pecho de mi mujer. Lo separamos haciendo palanca, andamos con él hacia la sala de los bebés y esperamos fuera. Cuando desapareció en una habitación que había al fondo (a fin de que ningún otro bebé masculino supiese lo que estaba ocurriendo), me sentí más despreciable que nunca. «¿Crees que hemos hecho lo correcto?», le pregunté a mi mujer. Asintió lentamente y me dio la mano. Yo me sentí como si fuese a desmoronarme en un millón de pedazos.

Entonces llegaron sus gritos, suficientemente agudos, pensé, para que estallasen todos los cristales del hospital, como Ella Fitzgerald en un anuncio de Memorex. Pero lo único que estalló fue mi alma y la de mi mujer. Afortunadamente, no duró mucho. Los llantos cesaron; salió el médico y anunció que en el pene del bebé todo estaba en orden.

NO TE APRESURES EN ABANDONAR EL HOSPITAL. No menosprecies el valor de esta zona neutral entre la sala de partos y el mundo real. Hay enfermeras todo el día y sólo estáis vosotros tres: tú, tu maravillosa, feliz y exhausta mujer y tu hijo.

---

185. Has de saber que la duración de la estancia de tu mujer en el hospital está en función de que el parto fuese vaginal o por cesárea.

Generalmente suelen ser dos días para un parto vaginal y cinco para una cesárea. Todo ese tiempo, salvo el último día (y en especial el momento de pagar la factura y marcharse), pasará volando. Acude a seminarios sobre el cuidado de los bebés, haz preguntas, ofrécele tu amistad a una enfermera, hazle un regalo a tu mujer, regala los excedentes de flores a personas desconocidas que pasen por la calle, llama a tus amigos y a la familia, mira cómo descansa tu hijo a través de la ventana de la sala de los bebés y diles a tu mujer y tu hijo (que para ti constituyen el mundo entero) que los amas. Después vuelve a casa, da de comer al perro, pon gasolina en el coche, asegúrate de que el asiento para el bebé está en su lugar y comprueba que el aire acondicionado o la calefacción funcione.

186. Ríete con tu mujer de tu ignorancia. Después, empieza a aprenderlo todo.

Sí, es realmente raro que todas las cosas vayan acompañadas de manuales de instrucciones salvo los bebés. ¿O no lo es? Míralo de este modo: billones de seres humanos han hecho esto antes que tú y tan sólo unas semanas después del parto ya eran expertos profesionales. Lo harás bien. Aprenderás a coger a tu hijo, a hacerle eructar, a cambiarlo, a tranquilizarlo y a bañarlo. Una buena parte de esta capacidad es instintiva. Acude a esa parte de ti que se esconde tímidamente tras la mente analítica. Ahí es donde encontrarás muchas de las respuestas. Las otras las aprenderás de tus padres, de tus amigos, de profesionales o de los libros.

187. Cuando tu mujer descanse, asegúrate de desconectar el timbre del teléfono o de mantener en espera todas las llamadas en la centralita del hospital.

188. Acéptalo: estás agotado.

Aunque tú no alumbrases al bebé, estabas ahí: fuiste el apoyo de tu mujer, su ancla, su confidente. Durante el parto, casi te agujereó el pecho con su pierna. Luchaste sus batallas

con las enfermeras y los médicos. Cortaste el cordón umbilical, cogiste a tu hijo en brazos, subiste hacia arriba y arriba y arriba y después caíste hacia abajo, y luego volviste a subir hacia arriba y arriba y arriba y de nuevo caíste hacia abajo.

Si regresas a casa por la noche, hazlo después de que tu mujer y tu hijo se hayan dormido. Despacha el correo, pero no abras las facturas. Lee únicamente una frase del periódico, apaga la luz y duerme.

189. Nunca te jactes del percentil de tu hijo en nada.

No te rías: mientras sonríes ampliamente a tu hijo que duerme en la sala de los bebés, se te acercará algún papanatas y te dirá que el perímetro de la cabeza de su hijo tiene un percentil de noventa y seis. (Dile que a tu hijo ya le han ofrecido una beca completa en Yale y aléjate.)

190. Lleva una botella de vino o de champán al hospital, brinda con tu mujer, y con gran ceremonia, ofrécele el regalo que has estado guardando para ella.

Ahora es el momento para las peladillas rosas y azules que compraste al principio del embarazo. Ponle una en la boca y que ella te ponga otra en la tuya. Demuéstrale que puedes ser un romántico incurable.

Ahora dale su regalo, pero dile que no lo abra todavía. Eleva tu copa y propón un brindis por tu mujer: que sea efusivo. Empieza con una broma, después adopta un tono cada vez más sincero hasta que tu mujer te abrace, se emocione y casi se olvide de abrir su regalo. Abrázala mientras lo abre. Si tu regalo es una joya, ayúdala a ponérsela, y acércale un espejo para que pueda verse con ella puesta, y por supuesto, siéntete rebosante de alegría.

Ahora es el momento de brindar por la nueva generación. Sin bromas, sencillamente con el más puro amor de padres. Dile cómo te sentiste los primeros instantes tras el nacimiento de vuestro hijo.

Si abres una botella de champán, asegúrate de que esté frío (no hay nada peor que una bebida con burbujas caliente), ábrela con cuidado para que el tapón no se convierta en un objeto volador (podría hacerlo si has andado de un lado a otro con la botella desde la sala de partos hasta la de reanimación) y no bebas demasiado (las minúsculas burbujas podrían estacionarse tras tus glóbulos oculares en una hora). No liquidéis la botella; ofreced el resto a otros nuevos padres con los que hayáis trabado relación.

191. Si tú o alguna de las visitas tiene un resfriado o la gripe, utilizad una máscara quirúrgica de papel como medida preventiva.
La vida ya es suficientemente compleja para un recién nacido.

192. Guarda el lazo azul o rosa de la cuna de la sala de los bebés.
Años después se lo enseñarás a tu hijo o a tu hija junto a una fotografía suya en esa cuna. La expresión que se dibujará en su rostro será maravillosa.

193. Saca unas cuantas fotos de la habitación del hospital y recoge unos pocos recuerdos.
Puedes incluir desde las anotaciones en la agenda de teléfonos («Llamó mamá: abrazos y cariño») hasta algunos de los formularios (espeluznantes) para pedir el menú. Recuerda, durante el resto de su vida tu mujer le explicará el parto a todo aquel que la escuche, pero en estos momentos no comprende que la medicación

que ha recibido ha empañado su memoria. (Ahora tu mujer se creerá que estás loco, pero más adelante atesorará todos esos recuerdos.)

194. No te olvides de que tu mujer te saque fotos a ti. (Y no sólo un par.)

No quieres que unos años después tu hijo pregunte: «¿Dónde estaba papi?». La gente cree en lo que ve y no querrás tener que demostrar que tú eras el fotógrafo invisible.

DILE AL MUNDO ENTERO QUE ACABAS DE TENER UN HIJO. Te sorprenderá ver el tratamiento especial que te otorgan los ascensoristas, los taxistas, los empleados del aparcamiento y los dependientes de las tiendas de delicatessen, pero forma parte de los beneficios del paquete. ¿Recuerdas que durante la luna de miel os cruzasteis con perfectos desconocidos que brindaron por vuestra felicidad? Traer un bebé al mundo te convierte automáticamente en un VIP, es decir, en una persona muy importante. Sé receptivo. No sólo es agradable para ti, también lo es para las personas que te ofrecen ese tratamiento.

---

195. Compra comida romántica (y sana) para tu mujer.

Es curioso que en los hospitales se preocupen de inyectar la dosis intravenosa adecuada en el brazo de tu mujer, pero no de ofrecerle la comida adecuada para su estómago.

Sal fuera, gran cazador, y haz acopio de comida. Sopas, arroz y verduras, tallarines, fruta, batidos de leche o helado. Piensa en la nutrición. Piensa en los alimentos que facilitan la digestión. Nada graso ni frito. También piensa en el romanticismo. Necesita elevar su estado de ánimo, que la hagan sentirse femenina, y la comida es la respuesta.

Cuando estés errando por en medio de los pasillos llenos de comida del supermercado, con los ojos yendo ávidamente de un lado a otro para encontrar el sustento adecuado, detente y reflexiona: esta es la primera vez en tu vida en la que estás recolectando comida para otras dos personas que te esperan en la cueva. Disfrútalo. A través de la leche de tu mujer, también recoges para tu bebé. De acuerdo, de modo que creías que convertirte en el señor Proveedor sería una carga terrible…, pero te hace sentir bastante bien, ¿no es así? ¿Qué le gusta al bebé? Nada demasiado condimentado. Nada de esos deliciosos curris que tu mujer y tú adoráis. Ni ninguna salsa picante. ¿Qué es lo que ayuda a producir buena leche? Algunos bebés reaccionan en contra de algunas comidas. Pregúntale a tu mujer cuáles cree ella que pueden ser en vuestro caso; le encantará la pregunta.

196. Prepara la cueva.

Almacena la comida, papel higiénico y toallitas de papel. Compra un nuevo cartón de leche y tira los fideos chinos de antes de ayer. Cambia las sábanas (a las mujeres les encantan las sábanas limpias). Lleva la ropa a la lavandería o lávala tú mismo. Arregla el armario de la ropa blanca (otro favorito de las mujeres); pliega las toallas. Tira la bolsa de basura. Mete en los contenedores adecuados todo lo que sea para reciclar. Ya sabes lo que tienes que hacer: todas las cosas que tu mujer apreciará.

Por otra parte, es posible que tu mujer llegue a casa y te critique: «¿No dejaste el contestador automático encendido?» o «¿No podrías haber vaciado la papelera?». O, si dejaste una pila de cintas de vídeo cerca del televisor y bolsas de patatas fritas vacías en el sofá, probablemente diga: «¿Qué diablos has estado haciendo?».

Aquí tienes lo que verdaderamente hará enloquecer a tu mujer: el polvo. Está pensando en los pulmones no contaminados y las fosas nasales perfectamente rosadas del bebé. Si tienes algo de dinero, compra un purificador de aire para la habitación del bebé o dale una propina a la persona que te limpia la casa (si es que tienes una) a fin de que le presente batalla al polvo.

197. Haz un cartel que ponga BIENVENIDOS A CASA para tu mujer y tu hijo.

(De acuerdo, no lo hagas si nunca has sido de esa clase de personas que hace carteles de bienvenida a casa y tu mujer pueda creer que has perdido la cabeza.) Pero, de lo contrario, hará que la llegada a casa empiece con la nota adecuada. Aquí tienes lo que debería decir el cartel: BIENVENIDOS A CASA (nombre de tu mujer y nombre del bebé). Colócalo en la puerta de entrada o en una pared.

198. Guarda la primera página del periódico para tu bebé.

O si, como yo, no eres un adicto a las noticias, piensa en alguna otra cosa. El día que nació mi hijo, la madre de mi mujer me recordó que guardase la primera página del periódico a fin de que un día mi hijo pudiese leer sobre la persecución y el aislamiento de Sadam Hussein. En lugar de ello, guardé la página de deportes. Michael Jordan había perseguido y aislado a sus contrincantes: aquí había una historia para mi hijo.

199. Graba en tu mente la hora precisa del nacimiento de tu hijo y conmueve a tu mujer.

Exactamente uno o dos días después del nacimiento de tu hijo, mira el reloj, besa a tu mujer y dile: «Es la una y treinta y tres minutos». Quizás incluso te pregunte: «¿Y?». Le dirás: «¿Recuerdas lo que estábamos haciendo hace veinticuatro (o cuarenta y ocho) horas?». Le encantará.

200. Reduce al mínimo el trauma cuando pagues la factura al marcharte del hospital.

De acuerdo, la factura total del hospital podía muy bien haber estado escrita en sánscrito, pero ya averiguarás después a qué se refiere cada ítem. No te pongas a discutir ahora por la factura. Paga y recoge tus cosas. Comprueba que no os dejáis ningún objeto personal olvidado en el cuarto de baño ni en la habitación. Coge a tu bebé y no te alarmes si en el hospital hacen que tu mujer se desplace en silla de ruedas.

Una vez que lleguéis abajo, respira profundamente.

En la puerta principal probablemente comprenderás que, mientras tú y tu mujer estabais ocupados teniendo a vuestro hijo, el resto del mundo ha seguido girando en sus tediosos círculos. Las guerras han continuado, los políticos han pontificado, el mercado bursátil ha experimentado subidas o bajadas (o ambas cosas), las bocinas han seguido sonando por la congestión del tráfico, los peatones han continuado pasando por delante de personas sin techo, etcétera. No desafíes al mundo todavía. Siente cómo el aire te llena los pulmones. Date cuenta de que es la primera vez que tu hijo respira aire fresco. No, no te asustes si hace frío: tu bebé no atrapará una neumonía. ¿Cómo te sientes?

¿Abrumado o exaltado? Probablemente ambas cosas, pero presta atención sólo al segundo sentimiento. Por primera vez, los tres formáis una unidad en el mundo. Saboréalo.

201. Caballeros, poned en marcha los motores (de nuevo).

Os vais a casa. Lleva a tu bebé en una mochila delantera y que tu mujer se coja de tu brazo. Aunque se sintiese como un piloto de Fórmula Uno corriendo por los pasillos del hospital, se sobresaltará al ver la brillante luz natural y oír los ruidos de la calle. Esto es, sin lugar a dudas, lo que le sucedió a mi mujer. Mientras tanto yo no hacía más que mirar de aquí para allá a fin de detectar situaciones potencialmente peligrosas, como si fuese un agente del servicio secreto protegiendo al presidente. ¿Quién es ese tipo extraño que está en el aparcamiento? ¿Quién es ese individuo con gafas de sol que viene hacia nosotros? ¿Verá realmente ese coche que el semáforo está rojo y se parará? Sí, es ligeramente cómico: ríete de ti mismo. Pero comprende que nunca más volverás a contemplar la vida en la calle del mismo modo. Jamás. Estás ahí para proteger a tu mujer y a tu hijo. Yo me sentía listo para cortar cabezas en caso de que alguien amenazase nuestro bienestar físico. (Tal vez hasta gruñía, o tal vez no. Afortunadamente, nadie se acercó a nosotros.)

Acostúmbrate a este sentimiento. Es tu nuevo yo: atento, afectuoso y entrañable en la intimidad; cauteloso y protector en público.

Concédete un momento para imaginarte qué aspecto le ofrece el mundo a tu bebé. Si no tienes prisa por llegar a casa, y tu mujer se siente con fuerzas, id a algún lugar donde haya follaje y enséñale a tu hijo una hoja, una flor, una ramita. Su primera hoja. Su primera flor. Su primera ramita. Son cosas asombrosas.

Ahora entrad en el coche, tómate el tiempo necesario para sujetar al bebé en su asiento, y pon el motor en marcha.

5
Empezar

202. Manténte firme.

Prepárate a escuchar estas palabras en boca de tu mujer: «Era mucho mejor cuando sólo estaba embarazada». Durante meses, has escuchado cuánto deseaba volver a ponerse sus desgastados tejanos favoritos, cuánto detestaba el bulto de su barriga, cuánto soñaba con el bebé y cuánto deseaba ser madre. ¿Acaso se trata de nostalgia de los buenos y viejos tiempos del embarazo?

Bueno, ¿es eso tan extraño? Mírala: está dolorida desde el ombligo hasta el hoyuelo de su trasero. No sabía que dar de mamar sería más difícil que acoplar dos naves espaciales en órbita. Tiene grietas en los pezones, la leche no le subió tan fácilmente como había esperado, al bebé se le escapa el pezón y se pone a llorar... ¡en los momentos más inoportunos! Quizá creísteis que ibais a ser bendecidos con un dormilón y no habéis tenido esa suerte. Los primeros días no fueron tan malos, pero después el niño puso la directa y empezó a despertarse cuatro, cinco y seis veces durante la noche. Tu mujer no tiene tiempo de recuperar el aliento; tú te has tomado tiempo libre del trabajo y ahora lo único que haces es soñar con volver a él; la niñera es una inútil y tu suegra ya no parece ser una alternativa tan mala para cuidar del bebé; sueñas con dormir del mismo modo que antes solías fantasear con la idea de ser sexualmente satisfecho por un equipo de mujeres desnudas.

¿Es esa la pura verdad? En parte. Todo mejorará milagrosamente para ti y para tu mujer. Recuerda esto: si no fuese así, la humanidad ya hubiera desaparecido porque, sencillamente, el rumor de que la paternidad no merece la pena se hubiese propagado con rapidez. (Repite conmigo: sí merece la pena.) De hecho, se convertirá en algo tan maravilloso que te unirás a la multitud que te precedió y que todavía no ha olvidado por completo lo terriblemente difícil que resulta empezar, pero que ha aprendido a sonreír ante ese recuerdo. Día a día la paternidad te resultará más y más fácil hasta que llegarás a sentirte bien en ella.

203. ¡Notifica el nacimiento de tu hijo a tu agente de seguros! (¡Último aviso!)

Repito: tienes treinta días, tras el nacimiento, para incluir a tu hijo en tu seguro médico. No tientes a la suerte llamando el día treinta y uno. Hazlo ahora. Deja que todo se caiga al suelo, menos el bebé, descuelga el teléfono y marca el número. Que te manden una confirmación por escrito de la extensión de la póliza a fin de comprobar que todo está en orden.

204. Si es posible, tómate un permiso por motivos familiares.

No, no abogo porque renuncies a todo y así puedas estar veinticuatro horas al día con tu mujer y tu hijo (no hubiese funcionado conmigo). Pero creo que, si durante los primeros días no pasas suficiente tiempo con tu nueva familia, es como si te robaras a ti mismo. ¿No puedes escaparte totalmente de la oficina? Considera de qué modo el fax, el teléfono, el correo electrónico y los servicios de mensajería y de reparto nocturno pueden permitir hoy en día sistemas de trabajo que anteriormente resultaban inimaginables.

205. Cuando regreses a casa del trabajo, besa a tu mujer y a tu hijo antes de hacer cualquier otra cosa.

206. Pasa la página.

Quizá quieras dar salida a tus ideas sobre la paternidad en un nuevo diario. O simplemente anotar los acontecimientos cotidianos. Escribe tus impresiones de inmediato: ¡uno de los aspectos más tristes de la paternidad es la incapacidad de recordar lo que ha ocurrido hace tan sólo dos minutos! Coloca tu diario junto a la cama y garabatea una anotación por la noche.

Si no lo haces, te lo creas o no, más adelante podrías lamentarlo. Un día, al mirar por el espejo retrovisor, verás que el asiento del bebé ya no está y que estás llevando a tu hijo a la Universidad. Entonces, querrás esas anotaciones.

207. Cuando tengan lugar los grandes momentos (como su primera sonrisa), deja que calen en ti.

Es algo parecido a batear una pelota de béisbol. Cuando la lanzan hacia ti, no dejes que desaparezca en el guante del receptor sin haber conectado el golpe.

208. Ten la cámara preparada con un carrete y a mano.

Seguro que estás cansado (probablemente ésta sea una débil descripción de tu estado). Pero los días pasan volando; se convierten en semanas, después en meses, hasta que llegas a preguntarte qué ha ocurrido verdaderamente. Querrás fotos y no sólo las serias y formales de papá y mamá sonriendo con el niño en brazos. Fotografía los momentos normales y corrientes: mientras le cambias los pañales, el bebé con una gorra de béisbol puesta, cuando tu mujer le da de mamar, cuando abres la puerta de casa de par en par cargado con comida china... Diviértete un poco al hacer las fotos o será aburrido mirarlas más adelante.

10 PENSAMIENTOS QUE TENDRÁS AL MENOS UNA VEZ AL DÍA:

1. Esto no es, ni mucho menos, tan divertido como creía que sería.
2. Mi mujer lo disfruta más que yo.
3. Dar de mamar es una lata. Mi mujer soñaba con ello y ahora se queja.
4. Realmente echo de menos las relaciones sexuales. Y me preocupa que, cuando empecemos de nuevo, ya no sea lo mismo.
5. Quisiera que los niños naciesen ya con dieciocho meses o cualquiera que sea la buena edad. (Y me siento culpable por pensar así.)

6. Me preocupa que mi mujer ya esté sexualmente satisfecha con nuestro bebé succionándole los pechos. (¡Mi pobre pene!)

7. Me ponen enfermo las intrusiones constantes: llamadas telefónicas, visitas de los amigos, consultas con el médico, lloros a todas horas, cambio de pañales...

8. ¿Se ha acabado toda mi libertad? (¿Y también la de mi mujer?)

9. Ahora entiendo por qué razón mis padres están tan locos.

10. Si la paternidad es tan maravillosa, ¿por qué el trabajo me parece de repente tan atractivo?

---

209. Has de estar preparado para: «¿Puedo pasar a ver al bebé?», «¿Cuándo os va bien que os traiga mi regalo para el niño?», «¡Quiero que me lo expliquéis todo!».

¡Pese a sus buenas intenciones los amigos y la familia pueden hacer que tú y tu mujer perdáis totalmente la cabeza! Toma el mando. No te pases veinte minutos al teléfono con tu tía Agatha simplemente porque te llamó justo en ese momento (cuando le estabas cambiando los pañales al niño). No permitas que quienes quieran felicitaros se dejen caer por vuestra casa según su conveniencia. Ten un plan. Planifica el mejor momento para recibir llamadas: no durante la ajetreada hora de la cena y no tan tarde que os haga perder horas de sueño. Reserva algunas horas de un viernes por la noche o un domingo por la tarde para atender a las visitas.

No esperes que sea tu mujer quien lo decida. A las mujeres les encanta enseñar a su bebé. Probablemente ella tarde más tiempo en advertir el precio que pagáis en vuestra vida familiar.

210. Has de saber que tú también eres capaz de cuidar bien de tu hijo.

Cuando el niño llora y se lo pasas a tu mujer diciendo: «A ver si tú consigues que se calle», anuncias que eres un incompetente. Cuando manipulas desmañadamente un pañal, proclamas tu estupidez y suplicas ayuda, confirmas que «Mamá sabe más». Como todos sabemos, en cuestión de bebés los padres son unos inútiles. (¿Puedo volver a la oficina y hacer algo que sí sé cómo hacer?)

¿Por qué los padres son capaces de arreglar el motor del coche, montar barcos de juguete, construir aparatos de radio y cochecitos para niños y no son capaces de poner un pañal? Expectativas sociales. Los pañales son fáciles. Y también coger a un bebé en brazos. Y también masajear suavemente la espalda del niño mientras apoya su cabeza en tu hombro. Y también saber cómo sujetar los músculos de su cuello, que todavía no son lo suficientemente fuertes. Nunca creas que sólo tu mujer sabe cómo manejar al bebé o se convertirá en una profecía que lleva en sí su propio cumplimiento.

211. Conviértete en un as del cambio de pañales.

Enterremos el estereotipo del padre inepto y torpe que no es capaz de cambiar un pañal. Tras quitarle el pañal sucio, limpiarlo y poner la cantidad adecuada de pomada en el culito del bebé: (1) Coloca su trasero en el centro del pañal. (2) Agarra la parte inferior del pañal, dóblala hacia arriba y aguántala justo bajo el ombligo. (3) Dobla uno de los lados hacia el centro y pega el adhesivo. (4) Dobla el otro lado hacia el centro y pega el adhesivo. Admira tu logro. Tu bebé estará impresionado. Practica con un muñeco si es necesario; es tan difícil como abrocharte el cinturón.

212. Mejora tu comunicación con tu mujer.

Empieza por poner fin al modo en que, inadvertidamente, habéis empezado a trataros con rudeza el uno al otro: «¡Tírame un pañal!», «¡Te dije que compraras más toallitas limpiadoras para el bebé!», «Sólo prepara algo de comer: ¡me estoy muriendo de hambre!». Di siempre «por favor» y «gracias»; te sorprenderá ver cuánto da de sí un poco de consideración. Ahora abandona las acusaciones: «¡Bueno, yo he trabajado hoy!», «¡La idea de tener un niño fue tuya!», «¿¡Es que no ves que ahora estoy ocupado!?». Finalmente, reduce al mínimo la inevitable cháchara sobre sus deposiciones: «¿Te has dado cuenta de que sus heces son líquidas, tienen un color entre amarillo y marrón, parecen arenas movedizas y huelen como aquella vez que pasamos con el coche por Gary, en Indiana? ¿Crees que está enfermo?». Y también entierra cualquier descripción vívida de lo que ha eructado, babeado y vomitado.

Piensa en ello: Antes de tener al bebé no le hubieras hablado ni a tu peor enemigo de este modo, y ahora, ¿esperas que esta adorable criatura, con la que produjiste un niño, salte al catre (lo más pronto posible) y haga apasionadamente el amor contigo?

Abre un camino en el tiempo (sí, comprendo que el tiempo parece no existir) a fin de volver a conversar del modo en que solíais hacerlo en los lejanos días de vuestra incipiente relación amorosa. Observa cómo cambia el cuerpo de tu mujer y dile lo que te resulta más hermoso: la apariencia que tiene su cuello cuando está dando de mamar, el modo en que su cabello le roza los hombros y todo el resto. Desde luego, has entrado a formar parte de una sociedad —Crianza del Bebé—, pero si no te ocupas de tu relación amorosa, es posible que se desvanezca.

213. Compra unas cuantas cajas del agua mineral preferida de tu mujer y distribuye botellas por toda la casa.

Cuando esté dando de mamar y se sienta agotada, pensará que eres el marido más atento del mundo.

214. Descubre cuál es la mejor manera de decirles a los demás que no tienes tanto tiempo disponible para ellos como antes.

¿Qué ocurre si tienes hermanos o hermanas que te llaman sin parar para explicarte sus problemas? ¿O amigos que cuentan contigo para que desenmarañes su vida romántica? Quizá no tengas tiempo para todas estas personas, y tal vez se ofendan porque tu atención está dividida.

Explícales que ya no te es posible entretenerte en el teléfono o que efectivamente no tienes tiempo para escuchar todos los pequeños detalles. Te acusarán de haberlos abandonado, y en parte es así. Tu papel ha cambiado. Cuando un amigo se queje por una cita que le ha ido mal, pensarás: «Dame un respiro. Si ese es tu mayor problema, bájate de las nubes», y dirás: «Tengo que dejarte. El bebé acaba de vomitarme en el hombro». (Una excusa para poner punto final que resulta difícil discutir.) Cuando cuelgues el teléfono, le dirás a tu mujer que no puedes creer la cantidad de tiempo que solías perder antes. ¿No te asombra de qué modo desperdicia las horas sin hacer nada la gente que no tiene hijos?

215. Haz cumplidos a tu mujer con frecuencia.

Dado que el bebé es demasiado pequeño para decir: «Caramba, mami, no puedo decirte lo mucho que aprecio que me dejes triturarte los pechos», va a sentirse poco lisonjeada. Empieza por decirle que su barriga y su trasero están recuperando su firmeza (te llamará mentiroso, lo que tal vez sea cierto, pero si persistes, a la larga te devolverá una sonrisa). Después, dile lo asombrado que estás de que sea capaz de hacer tantas cosas a la vez (¡a las nuevas mamás les molesta que nadie parezca advertirlo!).

216. Sostén el pie o la mano del bebé mientras ella lo amamanta.

Resulta maravilloso para ti, para tu mujer y para el niño.

217. Pídele a tu mujer que empiece a extraerse la leche y la ponga en biberones para que, de este modo, también tú puedas alimentar al bebé (y darle a ella un respiro).

No, ciertamente no es lo mismo que ofrecer un suave y caliente pecho, pero el bebé mirará hacia arriba para ver tus ojos, gorgoteará, te agarrará los dedos y así sentirás que también formas parte de la cadena alimenticia. Ofrecer el sustento a tu hijo es maravilloso. Lo mejor de todo es ver cómo se duerme profundamente un recién nacido, con los labios todavía succionando, moviendo su pequeña lengua de vez en cuando, y sentir cómo su precioso peso se relaja en tus brazos. Escucha cómo pasa el aire a través de sus diminutas fosas nasales. Observa las delicadas manchas en sus mejillas. Esto es lo que has estado esperando durante nueve meses. No tengas prisa.

218. Haz sólo una cosa a la vez.

La tentación está en remover un guiso en la cocina, con el cucharón en una mano, el teléfono en otra, un ojo enfocado en el periódico abierto sobre el mármol de la cocina y el otro en el canal deportivo que resuena con estrépito en el televisor, mientras tu mujer le cambia el pañal al bebé y te explica los pequeños traumas del día. Simplifica. Si intentas hacerlo todo a la vez, no harás nada bien. El error inevitable será la señal de que debes reducir la marcha.

219. Cuando el certificado de nacimiento del bebé llegue por correo, celébralo.

Tu mujer espera que no hayas perdido ese toque romántico que le demostraste admirablemente durante el embarazo, y aquí tienes tu oportunidad. Abre una botella de champán o de vino, entrechocad las copas y celebrad la llegada del documento. Pero no lo pierdas. Guárdalo en una caja de seguridad en el banco o en un cajón que puedas cerrar con llave.

220. Si gastas dinero en una niñera, asegúrate de que contratas a la persona adecuada.

Nosotros contratamos a nuestra niñera seis meses antes de la fecha prevista para el parto. Después, mi mujer la llamó una vez al mes para permanecer en contacto con ella: principalmente para atenuar mi miedo a que se olvidara por completo de nosotros.

La fecha estimada para el nacimiento del bebé era durante la primera semana de diciembre, y nació el día 24 (eso dice mucho sobre la estimación de fechas). «¿No deberíamos llamar a la niñera?», le pregunté ese mismo día por la noche. «Feliz Navidad», le dijo mi mujer por teléfono. Entonces le informó de que estaríamos de vuelta en casa el día 29 y de que la llamaríamos justo antes de salir.

La llamamos tal como estaba previsto, pero no nos devolvió la llamada; de inmediato tuve la sensación de que todo se había ido a pique. «Me imagino que sencillamente se pasará por aquí», dijo mi mujer. Yo no fui capaz ni de asentir con la cabeza.

La llamamos una y otra vez: no había nadie en casa. Unas cuantas horas más tarde, cuando estábamos dando una vuelta por el apartamento como si fuéramos extranjeros en una tierra extraña, sonó el timbre de la puerta. «¿Lo ves?», dijo mi mujer con excitación. Entonces vivíamos en el quinto piso de un edificio sin ascensor en Nueva York. De ahí que nos sorprendiésemos cuando, sólo unos segundos después, una... niña, una adolescente, llegó subiendo los escalones a saltos. «¿Quién eres tú?», le pregunté. «Mi madre está enferma —explicó—, y yo seré vuestra niñera.» Estábamos boquiabiertos. «No os preocupéis», dijo ella leyendo mi mente. «Tengo toneladas de experiencia.»

Llamé a la madre de la chica —nuestra niñera—, quien admitió que le gustaría tomarse un descanso para el Año Nuevo. Insistió en que le diésemos una oportunidad a su hija. «Lo sabe todo.» Bien, pero hay algunas cosas —como los detalles del amamantamiento— que las chicas de diecisiete años no saben exactamente.

La despedimos y llamamos a una conocida agencia que nos envió a una «verdadera profesional». Podría haber funcionado si no hubiese estado escuchando sermones religiosos en su radio portátil desde las 6 de la mañana hasta la medianoche. Desde la habitación del bebé llegaba el atronador discurso sobre el Señor, el cielo, el infierno y la redención. Cuando me entregó un folleto en el que se proclamaba que la gente de mi religión ardería en el infierno, le dije: «Muchas gracias. Ya no la necesitamos más».

Entonces nos enviaron a una estricta mujer inglesa de cierta edad con una boca severa y unas opiniones tan flexibles como el cemento armado. Me sentí como si hubiera contratado a una inspectora de Hacienda para que viviera con nosotros. Aumenté mis esfuerzos por comer con la boca cerrada, me puse pijama por primera vez, extirpé toda irreverencia de mi vocabulario y me sentí profundamente aliviado cuando tuvo que darse prisa para irse a atender a otro bebé con el que tenía un compromiso anterior.

Volví a llamar a la agencia y les expliqué nuestro apuro con la niña en brazos y sujetando el teléfono con el hombro. «¿Cómo se siente con las personas grandes?», me preguntó el jefe de la agencia. «¿Grandes?», pregunté yo. «Sí, grandes. Obesas», me dijo con suavidad. «No tengo ningún problema con la gente grande —contesté—, siempre que sepa cuidar bien a los bebés.»

Unas horas más tarde, le abrimos la puerta de abajo a la nueva niñera, y unos buenos cinco minutos después, apareció resoplando por la escalera que crujía bajo su peso. «¿Por qué no hay alguien que ponga un ascensor?», preguntó alegremente una mujer *muy* grande. Entró por la puerta y se desplomó sobre mi valioso sillón parisino que data de 1905 aproximadamente. Podía oír el llanto de la antigua y crujiente piel. Fue una estupidez haberme preocupado por ese sillón (de todos modos en menos de dos años, nuestra hija pelaría la piel de los brazos). Sin embargo, antes de que pasase mucho tiempo, nuestra niñera bailaba con nuestra hija al son de «Love Shack», del grupo de rock B-52. Sabía todo lo que había que saber sobre la lactancia, los eructos, las horas de sueño y la aventura de empezar. Principalmente, nos enseñó que los bebés son una mezcla gaseosa. Estábamos encantados, enamorados de nuestra nueva y asistida paternidad.

Sí, tu mujer estará encantada si puedes organizar las cosas para que una niñera la ayude a manejar todos los detalles durante las primeras semanas, pero, finalmente, lo más ilustrativo es la actitud vital de la niñera. Si puedes encontrar a alguien que lo haya hecho antes y que todavía sepa cómo divertirse, conseguirás algo realmente valioso.

Aunque admito de inmediato que nuestra experiencia con las niñeras fue excéntrica, he escuchado docenas de historias distintas e igualmente absurdas. Pero tal vez tú tengas suerte y tu niñera te recordará (y también a tu bebé) a Mary Poppins.

221. *No compares tu vida sexual con la de nadie más.*

La mayor parte de los futuros padres se sienten tan consumidos por el nacimiento inminente de su hijo que no comprenden que el polvo prenatal —el que esperabas que provocaría el parto— puede ser el último que tengan durante meses. Me sentí tan aliviado al ver que el interminable dolor de parto de mi mujer finalizaba con la cesárea, que de algún modo me sentí conmocionado cuando, ya en su habitación, el médico nos dio la noticia. ¡Seis semanas… como mínimo!

Pero sé totalmente sincero contigo mismo: esta no es la primera vez en tu vida sexual que te has pasado seis semanas sin comerte un rosco. Tal vez sea la primera vez desde que te casaste, pero antes de que caigas en una profunda y destructiva depresión, recuerda que hay otras maneras de satisfaceros mutuamente. Puedes hacer pucheros o tener una pataleta, pero eso no cambiará los hechos médicos: tu mujer necesita curarse.

Sin importar cuán bienvenido sea ese tiempo de cicatrización para tu mujer, es probable que se inquiete por la posibilidad de perder su vínculo sexual contigo. Invierte el estereotipo del padre impaciente. Dile que esperarás siete semanas, u ocho, o nueve: lo que sea. No debería estar pendiente del tictac del reloj.

Aquí tienes lo que tal vez te está importunando: la activa vida sexual de los Jones. Durante un tiempo, parecía que todas las personas que conocíamos señalaban a esta pareja conocida por todos nosotros y nos decían a mi mujer o a mí: «Lo hacen cada noche. *Cada noche*». «Vale», contestaba yo. «Es verdad», decían ellos. «Estás celoso. Es más, su relación sexual es una maravilla. Y tienen hijos. Y se conocen desde la Universidad.» Mis cansados ojos los seguían desesperadamente. La bronceada mujer lucía una larga cabellera de color castaño teñida en un salón de belleza y siempre parecía vestir unas mallas de gimnasia, con un jersey anudado en la cintura. El marido vestía como un guerrero de Wall Street: una gris envoltura de regalo para el tigre que había en su interior. Cuando cada noche nos desplomábamos en la cama, tan exhaustos como de costumbre, mi mujer me preguntaba: «¿Crees que es verdad?».

Sé de un grupo entero de matrimonios que suspiraron con un gran alivio colectivo cuando los Jones se separaron un mes más tarde. El mito se había acabado.

Te llevará tiempo, pero recuperarás tu vida sexual.

222. *Prepárate para un agotamiento distinto a todos los que has conocido hasta la fecha: el torbellino.*

Estás en el trabajo, la cabeza te da vueltas, sientes los ojos como si tuviesen arenilla, te duelen las encías y los dientes y —pese a tus buenas intenciones— apoyas la cabeza en el escritorio antes de caer en el sueño más profundo de tu vida. Te despiertas con babas en las mejillas y la cara arrugada. Levantas el brazo que te hormiguea porque se te ha dormido, y miras el reloj. Han pasado veinte minutos o dos horas. El problema reside en que no hiciste nada en el trabajo antes de tu siesta y ahora te da demasiada pereza hacer nada. Oh, bueno, dirás, siempre lo podré hacer mañana. como si mañana no fueses a estar tan cansado como hoy.

223. *Nunca menosprecies la depresión posparto: la suya o la tuya.*

Sus hormonas han dado un bajón, un gran bajón. Tiene una cantidad astronómica de pensamientos deprimentes: la episiotomía, quizá la cicatriz de la cesárea, la dificultad para amamantar, los pezones doloridos, insomnio, dolores persistentes, un bebé que padece de cólico, y una fecha para reincorporarse al trabajo que se aproxima con demasiada rapidez. ¿Y qué hay de ti? Tú te deslizas por tu propio tobogán. Y también hay un millón de cosas en tu mente: fuegos que necesitan apagarse en el trabajo, una casa que está hecha un lío, comidas ajetreadas, falta de sueño, una factura del hospital que es tan larga e incomprensible como una disposición del Senado, un bebé que padece de cólico. Oh, y una mujer deprimida. En breve, estáis los dos sobrecargados.

Has de saber cómo detener vuestra caída libre. El ejercicio puede ayudar a mejorar el equilibrio químico. Prueba con la vieja cuerda de saltar para conseguir un rápido golpe de adrenalina. O busca una colina con pendiente para subirla en bicicleta: cuando hayas llegado a la cima, habrás olvidado todas tus adversidades. Un diario puede ayudar. Algunas ayudas luminosas: Sube las persianas, especialmente en la época más profunda y oscura del invierno (compra una luz halógena para las largas noches invernales). El resplandor crepitante de la chimenea encendida también va bien. Habla con otro padre. Da un enérgico paseo con el bebé en el cochecito. Si es otoño, barre el jardín con un rastrillo hasta tener un montón de hojas y salta sobre ellas.

Y vuelve a lo básico: grandes ensaladas, mucha fruta (las frutas tropicales son buenas aunque sólo sea por la asociación con el mar de color turquesa) y verduras. Bebe con moderación.

Recuerda que lo más difícil es dar el primer paso. Cuando te sientas deprimido, un paso, *cualquier paso*, te ayudará a sentirte mejor.

TODOS LOS TÓPICOS QUE OYES SON VERDADEROS: «PASA MUY RÁPIDAMENTE», «TE DAS LA VUELTA Y YA NO SON BEBÉS». *No importa cuán cansado estés, cuando lo recuerdes dirás que fue la mejor época de tu vida. ¿Has escuchado alguna vez a algún hombre de sesenta y cinco años lamentarse por no* *haber pasado más tiempo en el trabajo? ¿Has escuchado alguna vez a alguno que hubiese deseado estar allí cuando su hijo realmente lo necesitaba?*

---

224. Has de saber que durante algún tiempo la relación con tu hijo no te parecerá un intercambio equilibrado.

¿No sientes que todo lo que haces es dar, dar y dar y todo lo que hace tu bebé es tomar, tomar y tomar? Pero, de algún modo, todo lo que haces ahora es absorbido por su pequeña alma, y más adelante, de una manera que se incrementará notablemente con el tiempo, todo te será devuelto. Es una de las curiosas leyes de la naturaleza; requiere una extrema paciencia. De modo que no pierdas el control. En ocasiones, la mejor cura consiste en dar una vuelta a la manzana. Cuando regreses, no podrás esperar a coger en brazos a ese bebé que gorjea.

225. No te creas que eres el primer padre que entra cautelosamente en la habitación de su bebé para asegurarse de que todavía respira.

Todos hemos pasado por eso. Sigue adelante, escucha su respiración o acerca más tu cabeza a fin de ver cómo respira. Entonces, comprende que los seres humanos estamos hechos para durar. Sobrevivimos. Intenta relajarte. Los bebés también necesitan tiempo para descansar. Es posible que cada vez que entres en la habitación con los ojos saltándote fuera de las órbitas y resoplando para comprobar las señales de vida de tu hijo, él se esté preguntando efectivamente: *¿Por qué está tan loco mi papá?*

Ahórrate las angustiosas excursiones a la cuna comprando un aparato de control a distancia para bebés. Pero asegúrate de mantener el volumen bajo para no despertarte por cada pequeño movimiento que se produzca en la cuna del niño.

226. No temas llamar al pediatra a las cuatro de la madrugada.

Haz acopio de valor, descuelga el teléfono y marca el número. Por supuesto, envuelve tu frenética retahíla de preguntas en una disculpa profusa (aunque breve) y después deshazte de todas las preocupaciones que tienes en la cabeza en una sola llamada. (Y no vuelvas a llamarle a menos que sea absolutamente necesario.)

227. Pasa tiempo con tu bebé.

Demasiados padres no pasan casi ningún tiempo con sus bebés, y más adelante se preguntan por qué se sienten tan alejados de sus hijos. Antes incluso de que tu hijo o tu hija sea capaz de decirlo con palabras, sabrá si ocupa un lugar importante en tu lista de prioridades. Encuentra tiempo para jugar con él, cantarle, bailar con él al son de la música, llevártelo a dar largos paseos y explicarle cosas de la naturaleza, arrodillarte y demostrarle cómo tirar una pelota con efecto.

LLEVA SIEMPRE CONTIGO UNA FOTO DE TU HIJO EN LA CARTERA. *Todos te pedirán que se la enseñes.*

---

228. Abraza a tu hijo tan a menudo como lo harías si fuera una niña.

Es triste decir que, a lo largo de generaciones, ha habido padres que han temido que el contacto de hombre a hombre alimentaría el lado femenino de sus hijos. Los niños que no vean a sus padres demostrar su amor y sus sentimientos se convertirán en hombres que no serán capaces de expresar sus emociones y que acabarán siendo viejos ariscos y fastidiosos. ¿Es eso lo que quieres?

229. No esperes que tu hijo se deje atraer por ti cuando su mami esté en la misma habitación.
(¡No eres tú el que tiene los senos mágicos!) Si quieres establecer un vínculo (¿no hay nadie capaz de sugerir una palabra mejor?) con tu hijo, tendrás que alejarlo de esos dos maravillosos imanes que tiene tu mujer en el pecho. Agarra el cochecito o la mochila delantera y sal fuera.

Comprende cuál es tu fuerza y avanza en esa dirección. Si las madres representan la seguridad, los padres representan la fortaleza y la libertad. Tú eres el enlace con el mundo exterior. Sal preparado: llévate toallitas para limpiarlo, unos cuantos pañales (no sólo uno) y un biberón lleno de la leche de mami. Si hace frío, llévate un gorro (la vieja teoría de que se pierde calor por la cabeza), pero no lo abrigues exageradamente, ya que él no podrá decirte cuándo tiene demasiado calor.

Cuando estés saliendo por la puerta, prepárate para el ataque de llanto del bebé y asegúrate de que tu mujer facilita (y no dificulta) las cosas mostrando una actitud positiva al decirle adiós. (No hay nada como una despedida del tipo: «¿Cuándo voy a verte otra vez?» para activar el llanto.) Después, camina y habla. Utiliza todos tus sentidos y explícale al bebé lo que ves. Pájaros que cantan. Hojas que se abren. Tu hijo quiere oír tu voz a menudo; resulta tranquilizador.

Empezarás a contemplar el mundo como si lo hicieses a través de los ojos de tu hijo: como una combinación de imágenes y sonidos. Si das ese medio paso mental, el mundo te parecerá mucho más fascinante de lo que ha sido durante bastante tiempo.

230. En lugar de simplemente proclamarle tu amor y tu reconocimiento, dale a tu mujer la oportunidad de descansar.

Sí, tú también estás cansado. Pero —debes admitirlo— ella ha pasado por mucho y de momento las cosas siguen sin ser fáciles. Prepara un baño para tu mujer y lleva a pasear a tu hijo. Dile a tu mujer que también saque la cabeza al mundo y se vaya a una librería o a tomar un café con una amiga (pero no a comprar toallitas para el bebé y pañales). Quizás incluso quieras reconsiderar todas las ofertas que tus familiares te hicieron de cuidar al bebé (y que tan resueltamente declinaste). No, estos abuelos y abuelas no fueron padres y madres perfectos (desde la adolescencia has pasado una cantidad de tiempo considerable analizando minuciosamente sus faltas), pero de pronto parecen tener buena voluntad y resultan útiles (y sus errores parecen menos sustanciales). Has de saber que probablemente sean más eficaces como abuelos que como padres. Sucede continuamente, y tú, tu mujer y en especial tu bebé sois los afortunados receptores.

231. Sal a cenar con tu mujer por primera vez después del nacimiento de vuestro hijo.

Insiste en ello cuando cualquiera de los dos sienta que no puede dejar al bebé. Id a un restaurante tranquilo (no tenéis la energía necesaria para tener que levantar la voz), y después dile a tu mujer sinceramente cómo te sientes en tu papel de padre.

Una semana después del nacimiento de nuestra hija, mi mujer y yo fuimos tambaleándonos a un restaurante hindú que había en el barrio. Nos desplomamos en las sillas y pedimos litros de cerveza hindú, pollo tandoori y verduras. Nos sujetamos la cabeza con las manos, y si hubiese habido palillos en la mesa, los habríamos utilizado para mantener los ojos abiertos. Dije: «¿Me lo parece a mí o esto es mucho más difícil de lo que habíamos imaginado?». Empezamos a reírnos con tal histerismo que acabamos llorando. Los camareros hindúes creyeron que estábamos locos.

Nadie —y quiero decir nadie— sabe lo difícil que puede resultar el principio de la nueva vida con el bebé hasta que no ha pasado por ello. A través de risas y lágrimas, mi mujer dijo: «No puedo lavarme el pelo hasta las dos del mediodía. Empiezo a prepararme una taza de café, entonces tengo que dejarlo, y en cuanto vuelvo y empiezo a prepararla de nuevo, tengo que dejarlo otra vez, y así todo el día hasta que tengo dolor de cabeza por no haberme tomado el café y me pregunto por qué tengo dolor de cabeza. El lavabo es mi oficina. ¡Voy allí sólo para hacer mis llamadas con el teléfono inalámbrico o a fin de que nadie entre y me importune!» Le dije: «yo leo la misma página del mismo libro cada noche... ¡y luego me doy cuenta de que ya la he leído una docena de veces!». Estallamos en carcajadas de nuevo. «¡¿Cómo es posible que algo tan pequeño le dé completamente la vuelta a todo nuestro mundo?!»

En ese punto mi mujer casi se cayó dormida encima de su plato de lentejas. Sin embargo, había algo reconfortante en nuestra salida a cenar; nos habíamos unido a la multitud de seres humanos que habían aprendido cuáles eran sus limitaciones al convertirse en padres. Resultaba tranquilizador y embriagador a la vez. Admitir las dificultades nos ayudó; si uno de los dos hubiese pretendido que todo funcionaba a la perfección, hubiésemos empezado equivocadamente nuestro camino como padres.

232. Consejos sobre las citas para los padres.

Salid solos. (Estáis demasiado cansados para las charlas ociosas con los amigos, y además, la mente os da vueltas como ruedas sobre el hielo.) Intenta no sentirte culpable por salir. Además, tú y tu mujer no hablaréis de otra cosa más que del bebé: es normal. Id a un restaurante romántico. No te sientes frente a tu mujer para miraros mutuamente los ojos inyectados en sangre y estudiaros las ojeras provocadas por el cansancio.

Encuentra un restaurante que tenga bancos, siéntate al lado de tu mujer y acaríciale el muslo con la mano al menos una vez. Si dobla varias veces su cuello hacia un lado para estirarlo, fricciónaselo. No la detengas si ella desliza su mano entre tus piernas: te sentirás joven y avieso y nadie lo advertirá. Aprende de los franceses, que son especialistas en resucitar las Grandes Comidas del Pasado. Recuerda aquella maravillosa comida que compartisteis en aquella romántica posada de la costa y lo que hicisteis después… ese tipo de cosas. Estos recuerdos harán que tu mujer se acuerde de que, a la larga, ambos haréis más cosas que cambiar pañales. Si vais al cine, llevad con vosotros un busca (sí, serás una de esas enojosas personas), pero estáte listo para desconectarlo con rapidez (al menos no serás una de esas otras enojosas personas que se levantan cuatro veces para llamar a la canguro). Si te olvidas del busca, siéntate en un asiento que dé al pasillo a fin de no hacer saltar por los aires las palomitas de tu vecino cuando te levantes para llamar a la canguro.

233. *Que tu romanticismo no se fundamente en el pasado sino en el presente.*

Aquí tienes lo que sucederá: tú y tu mujer sacaréis a vuestro bebé al mundo. Casi no sois capaces de poner un pie delante del otro, de modo que andaréis a trompicones hasta llegar al café más próximo. Cuando tu mujer se ofrece amablemente para ir a buscar dos tazas del café que contenga el grado de octanos más elevado, y permitido por la ley, tus fatigados ojos se pasean hasta una joven y todavía soltera pareja que se encuentra en la misma estancia. Están leyendo tranquilamente el periódico. Casi no adviertes la presencia del chico, pero ella recibe toda tu atención. Su cabello todavía está húmedo tras la ducha. Los tejanos se le ajustan a la perfección. Se inclina para coger otra sección del diario y a través del cuello de su holgado jersey le ves hasta el ombligo: un paisaje mucho más incitante que el de una espectacular montaña reflejada en un gran lago. Piensas: *Yo era ese chico, sin una sola preocupación en la cabeza salvo la de entretener a esta jovencita para que quiera celebrar conmigo otra fiesta de ensueño esta noche.*

Pero ahí está la ironía. Ella eleva la mirada y sonríe. Tu mujer trae consigo dos humeantes capuccinos, tu hijo gorjea y tú y tu mujer sonreís a esta pequeña criatura. La chica le susurra animadamente algo a su novio sobre el matrimonio y los bebés, y él se queda congelado. Sigue un altercado. Ella se levanta y sale echa una furia por la puerta. Él se pregunta qué ha sucedido. Cuando sale pisando muy fuerte tras su novia, os descubre a los tres y comprende qué es lo que acaba de destruir su día.

¡Así era tu vieja vida! Sé sincero: ¿era tan maravillosa? Así pues, concéntrate en el presente. Si hay algo sobre lo que debas ponerte romántico es tu nueva

vida, que tiene tendencia a deshacerse en jirones por los bordes y merece ser recompuesta siempre que surja la oportunidad.

234. Acude con tu mujer y tu hijo a la primera visita con el pediatra.

Prepárate para más altibajos. En primer lugar, estás irritado: esperas interminablemente en una sala de espera calificada de apta mientras a través de toses, estornudos y babas, todos los gérmenes concebibles son lanzados hacia los inocentes pulmones de tu hijo. Después, cuando la enfermera os hace pasar a la consulta y os dice que vuestro bebé es el niño más mono que ha visto (en los últimos quince minutos), te sientes orgulloso y satisfecho. Pero vuelves a sentirte irritado porque tienes que esperar todavía más. Después es tu mujer la que se irrita contigo porque sales al pasillo e importunas al médico, que está haciendo lo posible por evitar que otro niño coja una neumonía. Vuelves a entrar en la consulta y lees El conejito Pat otra vez. Te sientes orgulloso de nuevo cuando el médico (que finalmente ha llegado) lleva a cabo algunos procedimientos preliminares (talla, peso, más medidas) y os informa de que todo está bien en el mundo del bebé. Estás dispuesto a olvidarlo todo y prepararte para hacer una buena excursión, cuando…

La enfermera que os hizo entrar se acerca al bebé con una aguja que a tu hijo le debe parecer tan grande como la del Empire State. Y para remachar el clavo, el genio de tu hijo no sabe que el pinchazo le dolerá. Observas y te contraes cuando le limpian el muslo. La aguja entra… y sale. Nada. Tu bebé te mira conmocionado; sientes que le has fallado. Después, llega el alarido más estentóreo que ha producido desde que nació, y tú, padre comprometido, te hundes en el punto más bajo de tu nueva paternidad.

De ahora en adelante, sabes que tu hijo es consciente del coeficiente alegría-dolor de la vida. Tenías la esperanza de que el Edén pudiese durar. Pero es imposible.

235. *La primera relación sexual tras el parto resulta dolorosa (para tu mujer) y desconcertante (para ti).*

Todas las mujeres que conozco dijeron: «Me dolió» o «Me escoció» o «Me alarmó lo doloroso que fue» o «Me asusté al pensar que nunca volvería a ser la misma» o «Pensé que nunca más en toda mi vida volvería a disfrutar del sexo». Y todos los hombres dijeron: «No fue nada divertido» o «Me asustó ver lo poco que disfrutó» o «Me sentí como un intruso».

Tendrás que estar muy pendiente de la respuesta de tu mujer, y me refiero a estar pendiente segundo a segundo. Si empieza a dolerle, retírate. Ten presente que es posible que se eche a llorar y que probablemente no entenderás por qué. (¿Se siente feliz o triste? ¿Próxima a ti o distanciada de ti?) Nunca, jamás, será necesario que acabes lo que has empezado. No quieres que tu mujer «te siga la corriente». El acto sexual no es una obra de caridad.

Concédete una buena probabilidad de éxito convirtiéndolo en algo romántico. Un amigo me describió cómo había planeado una cena al atardecer en la playa situada junto a su casa de veraneo: un vino blanco de Borgoña, cangrejos, mazorcas de maíz asadas y, para postre, una perversamente calórica tarta de chocolate. Estaban agradablemente embriagados y vieron cómo empezaron a salir algunas estrellas antes de meterse en la cama. Estaban, como se dice, con ganas de hacerlo, y ésa es la razón por la que él admitió que ninguno de los dos estaba preparado para su sequedad y su dolor.

Si os ocurre a vosotros, tendrás que tranquilizarla diciéndole que su respuesta es natural; dile que toda mujer tiene su propia reacción y su propio momento.

Lamento decirte que probablemente las buenas relaciones sexuales tardarán un poco en volver. Ten paciencia. Has de saber que tu vida sexual volverá a la normalidad. Con el tiempo, vuestros encuentros sexuales volverán a ser enloquecidos y eufóricos de nuevo. Recuerda que antes de que tu mujer pueda sentir lascivia, tendrá que sentirse bien consigo misma y de ti depende hacer que así sea.

ESTÁTE PREPARADO PARA LA PREGUNTA: «¿LA HAS NOTADO IGUAL QUE ANTES?». El «la» se refiere a su vagina. Tu respuesta ha de ser: «Sí». (Aunque no sea cierto.) Después, mucho más adelante, si todavía no ha vuelto a recuperar su estado anterior, discutirás con su ginecólogo las distintas opciones que existan.

---

236. Compra el primer columpio para el niño.

Naturalmente, se trata del modelo para bebés que se adquiere en una tienda especializada (también puede prestártelo un amigo): el que hace que se queden dormidos y que tú puedas oír tus pensamientos. Pero más adelante llegarán otros tipos: un columpio para el porche, otro para el árbol, uno hecho con un neumático, otro para columpiarse cerca del estanque. Empujar a tu hijo en el columpio es importante para ti como padre porque representa la libertad de elevarse: el regalo que tú esperas ofrecerle. Más adelante, cuando empujes a tu hija o tu hijo en un columpio hecho con un neumático, recordarás cuando lo empujabas en el primer columpio para adormecerlo, y lo verás con la mirada satisfecha justo antes de dormirse. Algún día, tu hija pondrá a su muñeca en este mismo columpio y tú le dirás que antes hacías lo mismo con ella. Ninguno de los dos lo creerá y sentirás que tu corazón está agradablemente roto.

237. Comprende que el embarazo, el parto y las primeras semanas en ocasiones parecen un cursillo de Dios para pequeños comandos.

Has de saber también que llegará el día en que tu hijo garabateará: «QUERIDO PAPI TE QUERO MUCHO» en un trozo de papel y lo dejará sobre tus sucias zapatillas de lona para que lo encuentres por la noche, y cuando lo hagas, irás a buscar a tu mujer para que lo vea, la besarás en la frente y le dirás: «Ha merecido la pena, aunque sólo sea por leer esta nota».

Agradecimientos

Mi más afectuoso agradecimiento a Henry Ferris por creer en mí y por sus incisivas sugerencias para la edición del libro; a Elizabeth Kaplan, mi agente, por sus inteligentes, sabios e ingeniosos consejos; a Susan Walton y Bruce Giffords por su revisión del manuscrito; a John Frederick Walker por sus lecturas críticas de varios borradores; a Jeff Moores por sus inspiradas ilustraciones; a Maria Campbell por su aliento; a Michael Pollan por su guía; a Miriam Cohen por su inspiración, y a Jeanne Martinet por señalarme la dirección adecuada.

Toda la gente de William Morrow ha sido fabulosa. Aprecio, en particular, los esfuerzos que hicieron por mí Sharyn Rosenblum, Ann Treistman y Rich Aquan.

Les agradezco a mis amigos (y a sus amigos) que hayan hablado de todo lo que hay que hablar sobre el tema del embarazo; y doy las gracias a mis padres, Lynn y Steve, por decirle a su hijo de trece años que cada página merece ser